Lorberg/Vergossen
Marketing: Grundlagen und Strategien

Online-Training inklusive!

Zu diesem Lehrbuch gibt es eine passgenaue Online-Ergänzung mit Übungsaufgaben in verschiedenen Aufgabentypen und dazugehörigen (Muster-)Lösungen.

So können Sie das Gelesene direkt anhand von Aufgabenstellungen anwenden und Ihren Wissensstand selbstständig und interaktiv überprüfen. Der Zugang zu diesem Online-Portal erfolgt über Ihren Freischaltcode.

Ihr Freischaltcode: **BHESHTWGFKRZIVAMMNDBUV**

Lorberg/Vergossen, Marketing: Grundlagen und Strategien

Ob an der Hochschule, zu Hause oder unterwegs: Das Online-Training zu diesem Buch können Sie überall nutzen, wo Sie Zugang zu einem mit dem Internet verbundenen PC haben.

So einfach geht´s:

1. Rufen Sie die Seite **http://onlinetraining.kiehl.de** auf.
2. Registrieren Sie sich unter „Jetzt registrieren".
3. Geben Sie den Freischaltcode ein.
4. Klicken Sie auf „Online-Training starten". Fertig!

Nach dem Freischalten erreichen Sie das Online-Training, indem Sie sich auf der Seite **http://onlinetraining.kiehl.de** mit Ihrer E-Mail-Adresse und Ihrem Kennwort einloggen.

Kiehl Wirtschaftsstudium

Foit | Lorberg | Vogl (Hrsg.)

Marketing: Grundlagen und Strategien

Lehrbuch mit Online-Lernumgebung

Daniel Lorberg LL.M., M.A.
Prof. Dr. Harald Vergossen

Herausgeber:
Prof. Dr. Kristian Foit
Daniel Lorberg LL.M., M.A.
Prof. Dr. Bernard Vogl

ISBN 978-3-470-**65481**-2

© NWB Verlag GmbH & Co. KG, Herne 2015

Kiehl ist eine Marke des NWB Verlags

Alle Rechte vorbehalten.
Das Werk und seine Teile sind urheberrechtlich geschützt. Jede Nutzung in anderen als den gesetzlich zugelassenen Fällen bedarf der vorherigen schriftlichen Einwilligung des Verlages. Hinweis zu § 52a UrhG: Weder das Werk noch seine Teile dürfen ohne eine solche Einwilligung eingescannt und in ein Netzwerk eingestellt werden. Dies gilt auch für Intranets von Schulen und sonstigen Bildungseinrichtungen.

Druck: medienHaus Plump GmbH, Rheinbreitbach – ptkl

Zur Reihe „Kiehl Wirtschaftsstudium"

Liebe Leserinnen und Leser,

wir freuen uns, dass Sie einen Blick in dieses Buch aus der Reihe „Kiehl Wirtschaftsstudium" werfen.

Die Reihe vermittelt diejenigen Inhalte, die typischerweise zu einem Studium der Betriebswirtschaftslehre an einer deutschen Hochschule gehören. Die einzelnen Bände fassen die verschiedenen Felder der BWL sowie die relevanten Bereiche der Volkswirtschaftslehre und der Rechtswissenschaft im Zuschnitt eines typischen Kurses bzw. Moduls zusammen. Sie ermöglichen Studierenden an Hochschulen und Akademien und interessierten Praktikern einen leichten Einstieg in das grundlegende Wissen für Studium und Praxis – in einer lesefreundlichen Darstellung, die gleichzeitig das akademische Niveau wahrt.

Uns als Herausgebern und den Autoren der Reihe geht es darum, dass Sie die großen Zusammenhänge und die wesentlichen Details des jeweiligen Themenbereichs kennen lernen. Daher haben wir bewusst einen Umfang gewählt, der Sie nicht sofort verschreckt, und einen Stil, der Sie hoffentlich stets zum Weiterlesen motiviert. Alle Autoren greifen auf langjährige Erfahrung als Lehrende an Universitäten und Fachhochschulen zurück und gleichzeitig auf umfassende Kenntnisse der beruflichen Praxis, in der sie als Manager, Berater oder Anwälte tätig waren oder noch sind.

Das Layout der Werke ermöglicht Ihnen eine besonders komfortable Lektüre. So finden Sie relevante Begriffe nicht nur in einem Stichwortverzeichnis am Ende des Buches, sondern auch in der großzügigen Randspalte direkt neben dem jeweiligen Absatz. Gleichzeitig können Sie diese Randspalte für Ihre Notizen und Anmerkungen nutzen, um Ihre Gedanken direkt zu notieren. „Merke"-Symbole und „QV" (Querverweis) weisen auf besonders wichtige Informationen und Zusammenhänge hin, die Ihnen nicht entgehen sollten.

Die Reihe „Kiehl Wirtschaftsstudium" bietet Ihnen mehr als nur Lehrbücher! Zu jedem Band gehört ein passgenauer Online-Bereich, in dem Sie Aufgaben in verschiedenen Schwierigkeitsstufen und die dazugehörigen Lösungen finden. Damit können Sie die Lerninhalte noch weiter verinnerlichen und sich optimal auf Ihre Prüfungen vorbereiten.

Wir wünschen Ihnen eine motivierende Lektüre und freuen uns über Ihr Feedback zur Verbesserung und Weiterentwicklung der Reihe unter **feedback@kiehl.de**.

Mit allerbesten Grüßen

Die Herausgeber

Prof. Dr. Kristian Foit
Daniel Lorberg LL.M., M.A.
Prof. Dr. Bernard Vogl

Dozentenservice

Als besonderer Service für Dozenten steht zu diesem Titel unter **www.kiehl.de** auf der Produktseite zu Marketing: Grundlagen und Strategien ein kompletter Foliensatz als Gratis-Download zur Verfügung.

Vorwort

Liebe Leserinnen und Leser,

viele Menschen assoziieren mit dem Begriff Marketing vor allem Werbung und viele bunte Bilder. Das vorliegende Lehrbuch soll mit dieser falschen Assoziation aufräumen und Ihnen das Marketing als einen wichtigen Teil innerhalb des gesamten Unternehmens näher bringen. Hierfür werden Sie Marketing als einen ganzheitlichen Managementansatz kennen lernen. Diese Sichtweise hat sich in den vergangenen Jahren nicht zuletzt aufgrund der Vielzahl von unterschiedlichen Interessengruppen, dem immer intensiver werdenden Wettbewerbsdruck und der damit verbundenen Komplexität sowohl in der Wissenschaft als auch in der Praxis als zielführend erwiesen.

Der Aufbau dieses Lehrbuchs orientiert sich ebenfalls an diesem ganzheitlichen Marketingmanagementansatz, um Ihnen einen systematischen Einstieg in die Thematik zu ermöglichen.

Nach einer kurzen Einführung steht zunächst die Informationsbeschaffung im Vordergrund, ehe die Festlegung von Zielen und Strategien unter Unternehmens- und Marketingaspekten beleuchtet wird. Zum Abschluss rücken dann die einzelnen Instrumente des Marketingmix in den Vordergrund, ohne dabei die ganzheitliche Sichtweise zu verlieren.

Die Beschäftigung mit den vorgestellten Inhalten können Sie intensivieren, indem Sie die zu dieser Reihe gehörenden Online-Übungsaufgaben bearbeiten. Sie finden diese unter **http://onlinetraining.kiehl.de**.

Wir wünschen Ihnen viel Spaß und Erfolg bei der Lektüre dieses Titels und bei der Bearbeitung der Online-Aufgaben.

Mit allerbesten Grüßen

Daniel Lorberg und *Harald Vergossen*
Duisburg und Mönchengladbach im Januar 2015

INHALTSVERZEICHNIS

Zur Reihe „Kiehl Wirtschaftsstudium" 5
Vorwort 7

Kapitel 1

1. Grundlagen des Marketing und des Marketingmanagement 14
   1.1 Märkte als Bezugs- und Zielobjekt des Marketing 14
   1.2 Historische Entwicklung des Marketing 15
   1.3 Heutiges Verständnis des Marketingbegriffs 18
   1.4 Heutiges Verständnis des Marketingmanagement 22

Kapitel 2

2. Analyse von Märkten und Kundenverhalten 28
   2.1 Informationsebenen für das Marketing 28
   2.2 Grundlagen der Marktforschung 29
       2.2.1 Begriffliche Abgrenzung von Marktforschung 29
       2.2.2 Idealtypischer Ablaufprozess der Marktforschung 31
       2.2.3 Arten der Datenerhebung 34
           2.2.3.1 Befragungen 36
           2.2.3.2 Beobachtungen 39
           2.2.3.3 Experimente 40
           2.2.3.4 Panel 42
   2.3 Grundlagen der Käuferverhaltensforschung 43
   2.4 Bestimmungsfaktoren des Käuferverhaltens 44
       2.4.1 Involvement 46
           2.4.1.1 Bestimmungsfaktoren des Involvement 48
           2.4.1.2 Arten von Kaufentscheidungsprozessen 49
           2.4.1.3 Konkretisierung der informationalen Relevanz
                     anhand verschiedener Güterkategorien 52
       2.4.2 Die motivorientierte Betrachtung des Kundennutzen 55
           2.4.2.1 Motivtheorien 56
           2.4.2.2 Kaufentscheidungen als Kosten-/Nutzenabwägungen 57
           2.4.2.3 Verbreitete Motive 58
   2.5 Prognosephase 59
   2.6 Situationsanalyse 60
       2.6.1 Chancen-und-Risiken-Analyse 60
       2.6.2 Stärken-und-Schwächen-Analyse 63
       2.6.3 SWOT-Analyse 64

INHALTSVERZEICHNIS

Kapitel 3

3. Strategisches Marketing — 68
- 3.1 Festlegung von Unternehmens- und Marketingzielen — 68
  - 3.1.1 Übergeordnete Unternehmensziele — 68
  - 3.1.2 Handlungsziele — 72
  - 3.1.3 Marketingziele — 75
    - 3.1.3.1 Ökonomische Marketingziele — 76
    - 3.1.3.2 Psychografische Marketingziele — 79
- 3.2 Entscheidungsfelder des strategischen Marketing — 80
  - 3.2.1 Marktwahlstrategien — 82
    - 3.2.1.1 Bildung und Identifikation von strategischen Geschäftsfeldern — 82
    - 3.2.1.2 Marktsegmentierung — 84
  - 3.2.2 Strategische Entscheidungen — 89
    - 3.2.2.1 Grundlegende Ausrichtung der strategischen Geschäftsfelder — 90
    - 3.2.2.2 Einsatz strategischer Analyseinstrumente — 96
  - 3.2.3 Marktteilnehmerstrategien — 104

Kapitel 4

4. Operative Marketingplanung auf Basis des integrierten Marketingmix — 107
- 4.1 Grundlagen des Marketingmix — 107
- 4.2 Produktpolitik — 109
  - 4.2.1 Differenzierung zwischen Produkt und Produktprogramm — 109
    - 4.2.1.1 Produktgestaltung — 110
    - 4.2.1.2 Programmgestaltung — 112
  - 4.2.2 Produktpolitische Maßnahmen — 113
    - 4.2.2.1 Innovationen von Produkten — 114
    - 4.2.2.2 Variationen und Differenzierungen von Produkten — 117
    - 4.2.2.3 Elimination von Produkten und Produktlinien — 118
  - 4.2.3 Markierungsmöglichkeiten — 118
  - 4.2.4 Verpackungsmöglichkeiten — 123
- 4.3 Preispolitik — 123
  - 4.3.1 Perspektiven der Preisfestlegung — 124
    - 4.3.1.1 Kostenorientierte Preisfestlegung — 125
    - 4.3.1.2 Nachfrageorientierte Preisfestlegung — 128
    - 4.3.1.3 Konkurrenzorientierte Preisfestlegung — 130
  - 4.3.2 Preispolitische Strategien — 131
- 4.4 Distributionspolitik — 135
  - 4.4.1 Akquisitorische Distribution — 136
    - 4.4.1.1 Direkte Vertriebswege — 138

4.4.1.2 Indirekte Vertriebswege	138
4.4.1.3 Mehrkanalvertrieb	139
4.4.2 Physische Distribution	140
4.5 Kommunikationspolitik	143
4.5.1 Grundlagen und Ziele der Kommunikationspolitik	143
4.5.2 Instrumente der Kommunikationspolitik	145
4.5.2.1 Werbung	147
4.5.2.2 Verkaufsförderung	150
4.5.2.3 Öffentlichkeitsarbeit/Public Relation	150
4.5.2.4 Messen	151
4.5.2.5 Direktmarketing	152
4.5.2.6 Product Placement	152
4.5.2.7 Sponsoring	153
4.5.2.8 Onlinemarketing	153
Literaturverzeichnis	**157**
Stichwortverzeichnis	**161**

Hinweis:
Um die Lesbarkeit des Textes zu erhalten, wurde auf das Nebeneinander weiblicher und männlicher Personen- und Berufsbezeichnungen verzichtet. Dafür bitten wir alle Leserinnen um Verständnis.

„QV" in der Randspalte steht für Querverweis.

Kapitel 1

1. Grundlagen des Marketing und des Marketingmanagement

    1.1 Märkte als Bezugs- und Zielobjekt des Marketing

    1.2 Historische Entwicklung des Marketing

    1.3 Heutiges Verständnis des Marketingbegriffs

    1.4 Heutiges Verständnis des Marketingmanagement

1. Grundlagen des Marketing und des Marketingmanagement

1.1 Märkte als Bezugs- und Zielobjekt des Marketing

Markt

Der Begriff des Marketing ist auf das englische Wort „market" zurückzuführen (engl.: Markt bzw. vermarkten). Bereits im Wortstamm wird die hohe Bedeutung von Märkten für das Marketing erkennbar. Das Marketing stellt die Verbindung des Unternehmens zu den Märkten, besonders zum Absatzmarkt dar. Dabei kann der **Markt** aus betriebswirtschaftlicher Sicht wie folgt definiert werden:

„Ein Markt ist die Gesamtheit von Akteuren, die zusammenkommen, um durch Austausch Vorteile zu erzielen" (Steffenhagen, 2008, S. 17).

Marktakteure

Maßgeblich wird das Handeln auf Märkten von folgenden **Akteuren** geprägt:

- **Nachfragern**, die als Käufer am Markt agieren und aus Unternehmenssicht durch den Kauf von Produkten Kunden darstellen. Hierbei ist zudem zwischen privaten und organisationalen (z. B. Unternehmen) Nachfragern zu differenzieren.
- **Anbietern**, die auf dem Markt mit ihren Produkten (physische Produkte und Dienstleistungen) in Konkurrenzbeziehungen zueinander stehen und versuchen, die Nachfrager hinsichtlich der eignen Produkte zu beeinflussen.
- **Staatliche Einrichtungen**, die regulierend in den Markt eingreifen und z. B. rechtliche Gebote und Verbote erteilen können (z. B. rechtliche Vorschriften für die Gestaltung von Werbemaßnahmen).
- **Interessenvertretungen** wie z. B. Gewerkschaften oder Wirtschaftsverbände.
- **Vertriebspartner** wie z. B. Handelsunternehmen, welche die Anbieter beim Vertrieb der Produkte unterstützen.

Die bereits angesprochene Bedeutung des Marktes für das Marketing kann in zwei sich ergänzende Sichtweisen unterteilt werden:

Märkte sind zum einen als **Bezugsobjekt** zu sehen, da sie Rahmenbedingungen für das Marketing von Unternehmen festlegen. So prägen Kunden, Wettbewerber und weitere Akteure des Marktes den Handlungsrahmen des Marketing.

Zum anderen sind Märkte aber auch gleichzeitig **Zielobjekt** für das Marketing, da Unternehmen bestrebt sind, durch ihre Marketingaktivtäten Märkte zu verändern und Akteure in ihrem Handeln zu beeinflussen.

1.2 Historische Entwicklung des Marketing

Aufgrund der Bedeutung des Marktes hat sich das Marketing auch im Laufe der Zeit mit den Märkten gewandelt und im Umkehrschluss auch die Märkte beeinflusst. Im weiteren Verlauf werden wir nun auf die Entwicklung des Marketing eingehen, die sich vor allem aus den Veränderungen der Märkte ergeben hat. Nachfolgende Abbildung verdeutlicht die Entwicklung des Marketing innerhalb der Bundesrepublik Deutschland und geht dabei auf die inhaltlichen Schwerpunkte und Erweiterungen ein.

Entwicklung des Marketing

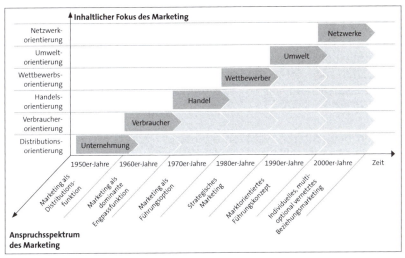

Abb. 1: Entwicklung des Marketing
(Meffert et al., 2012, S. 8)

Wenn Sie sich nun mit der Entwicklung des Marketing beschäftigen, sollten Sie parallel dazu die grundsätzliche Entwicklung der meisten Märkte vom **Verkäufermarkt** zum **Käufermarkt** im betrachteten Zeitabschnitt beachten. Beide Marktausprägungen unterscheiden sich vor allem in der Dimensionierung von Angebot und Nachfrage zueinander. Daraus resultieren die Ausprägungen, die in der folgenden Darstellung ersichtlich werden:

Käufer-/Verkäufermarkt

QV

1. Grundlagen des Marketing und des Marketingmanagement

Kriterium	Verkäufermarkt	Käufermarkt
Wirtschaftliche Situation	Knappheitswirtschaft	Überflussgesellschaft
Nachfrage	Nachfrage > Angebot	Angebot > Nachfrage
Engpass	Produktion, Beschaffung	Absatz
Bedeutung der betrieblichen Teilfunktion	Primat der Produktion/Beschaffung	Primat des Marketing
Vorrangige betriebliche Anstrengungen	Optimierung der Produktions- und Beschaffungsaktivitäten	Optimale Marktposition, Optimierung des Marketing

Käufer- und Verkäufermarkt
(Weis, 2012, S. 22)

In der Mikroökonomie wird gezeigt, dass sich Angebot und Nachfrage und damit auch der Marktpreis und die am Markt umgesetzte Menge grundsätzlich angleichen, was wir auch als „unsichtbare Hand des Marktes" bezeichnen.

Bei den betrachteten Märkten ergibt sich jedoch offensichtlich kein statisches Gleichgewicht. Im Verkäufermarkt schafft es der Produzent nicht, so viel zu beschaffen oder zu produzieren, wie er verkaufen könnte, Marketing und Absatz spielen daher eine untergeordnete Rolle. Dominant wird das Marketing jedoch dann, wenn aufgrund der Produktionsmöglichkeiten und des damit einhergehenden Wettbewerbs ein Angebotsüberhang besteht. Dann ist es sogar die dominante Engpassfunktion für das gesamte Unternehmen, da ein Überhang einen permanenten Druck auf die Unternehmen ausübt. Diejenigen, die nicht in der Lage sind, dem Kunden ein überlegenes Angebot zu unterbreiten, werden zumindest langfristig aus dem Markt ausscheiden. Die Unterbreitung eines überlegenen Angebots umfasst zwingend das gesamte Unternehmen, alle seine Aktivitäten müssen zu diesem Zweck aufeinander abgestimmt sein. Daher hat sich mit dem Markt und der Verschiebung der Engpassfunktion auch das Marketingverständnis über die Jahrzehnte geändert.

Von den 1950er-Jahren bis ins neue Jahrtausend

Während der **1950er-Jahre** war der Marketingbegriff in Deutschland noch nicht verbreitet. Vielmehr war in diesem Zeitraum noch von **Absatzwirtschaft** oder **Absatzpolitik** die Rede, die vor allem dem Zweck der Verkaufsförderung dienten. Erst in den **1960er-Jahren** verbreitete sich der Marketingbegriff mehrheitlich und bekam aufgrund der zunehmenden Angebots- und Konkurrenzsituation eine neue Bedeutung (**Marketing als dominante Engpassfunktion**). Innerhalb dieses Zeitraums wurde auch der so genannte Marketingmix von *McCarthy* definiert, der mit den „Vier Ps" noch bis heute eine umfassende Systematik für die operativen Marketingaktivitäten liefert (vgl. ausführlich Kapitel 4.).

QV

Während in dieser Phase das Marketing vor allem in den operativen Einheiten der Unternehmen Einzug hielt, wurde das Marketing in den **1970er-Jahren** zunehmend auch als **Führungsfunktion** verstanden. Diese langfristig orientierten Ansätze wurden in den **1980er-Jahren** durch den **strategischen Marketingansatz** ausgeweitet. Aufgrund der Globalisierung und der verschärften Wettbewerbsbedingungen auf den Märkten kam es immer mehr zu einer wettbewerbsorientierten Ausrichtung mit dem Ziel, Wettbewerbsvorteile gegenüber der Konkurrenz zu erzielen. Durch die komplexer werdende Umwelt entwickelte sich in den **1990er-Jahren** eine zunehmende Orientierung des Marketing auf rechtliche, gesellschaftliche und ökologische Faktoren (**marktorientiertes Führungskonzept**). Aufgrund der Entwicklungen der Informations- und Kommunikationstechnologien **im neuen Jahrtausend** ergeben sich wiederum neue Herausforderungen für das Marketing. Gerade die Entwicklungen im Hinblick auf Web 2.0 und die sozialen Netzwerke bringen viele neue Möglichkeiten, aber auch Probleme mit sich. Hier ist vor allem die Entwicklung des Nachfragers vom „passiven Abnehmer" hin zum „aktiven Marktteilnehmer" zu beobachten, der durch die neuen Kommunikationsmöglichkeiten eine deutlich verstärkte Macht und Entscheidungsgewalt am Markt besitzt.

Aus den beschriebenen Entwicklungen lassen sich vier grundlegende **Interpretationsansätze des Marketing** chronologisch ableiten (vgl. *Meffert et al., 2012, S. 9 f.*):

Interpretationsansätze des Marketing

1. instrumentell verkürztes Marketingverständnis
2. klassisches, ökonomisches (enges) Marketingverständnis
3. modernes und erweitertes Marketingverständnis
4. generisches Marketingverständnis.

Das **instrumentell verkürzte Marketingverständnis** stellt das Marketing lediglich als rein absatzpolitisches Instrumentarium dar. So wird Marketing z. B. mit Werbung gleichgesetzt oder dient lediglich dem Verkauf. Dieses Verständnis wurde allerdings früh obsolet und durch den klassischen ökonomischen Ansatz in den 1970er-Jahren revidiert.

Im **klassischen ökonomischen Verständnis** wird Marketing als ein systematischer Entscheidungs- und Gestaltungsprozess bei allen marktgerichteten Unternehmensaktivitäten verstanden, wobei die Kundenbedürfnisse berücksichtigt werden, um die Unternehmensziele erreichen zu können.

Der **moderne und erweiterte Ansatz** geht noch ein bisschen weiter und bezieht neben der Vermarktung von Produkten und Dienstleistungen auch Austauschprozesse zwischen nicht kommerziellen Organisationen und Individuen mit ein (z. B. Aktivitäten von Non-Profit-Organisationen).

Das **generische Marketingverständnis** stellt letztlich die weiteste Darstellungsart dar. Hierbei wird das Marketing als universelles Konzept der Beeinflussungstechnik gesehen. Dieser Ansatz geht dabei weit über einen marktgerichteten systematischen Gestaltungs- und Entscheidungsprozess hinaus. Vielmehr wird hier Marketing auch dazu genutzt, bestimmte Meinungen und Ideen zu kommunizieren, die einen gesellschaftlichen Nutzen mit sich bringen (z. B. Aufklärungsarbeit bezüglich Krankheiten).

1.3 Heutiges Verständnis des Marketingbegriffs

Definition des Marketingbegriffs

Im weiteren Verlauf des Lehrbuchs gehen wir von einem modernen und erweiterten Marketingverständnis aus. Eine von vielen Seiten akzeptierte **Definition des Marketingbegriffs**, die diesem Verständnis folgt, ist die der **American Marketing Association (AMA)**.

„Marketing is the activity, set of institutions, and processes for creating, communicating, delivering and exchanging offerings that have value for customers, clients, partners and society at large." (www.ama.org)

Deutsche Übersetzung:
Marketing ist die Aktivität bzw. die Reihe von Institutionen und Prozessen, die solche Angebote schaffen, sie kommunizieren und zur Verfügung stellen, die einen Wert für Kunden, Partner und die Gesellschaft insgesamt haben.

Merkmale des Marketing

Auf Basis dieses Definitionsansatzes lassen sich folgende **charakteristischen Merkmale für das Marketing** ableiten:

Duales Führungskonzept

1. **Marketing als duales Führungskonzept** *(„... the activity, set of institutions, and processes ...")*

   Folgt man dem modernen Marketingverständnis, so wird Marketing als marktorientiertes Führungskonzept verstanden (vgl. hierzu noch einmal Abb. 1). So ist das Marketing zum einen als **gleichberechtigte Funktion** innerhalb der Unternehmensorganisation zu sehen. Es ist demnach neben anderen Organisationseinheiten wie z. B. der Beschaffung und Produktion als Teil der Gesamtorganisation einzuordnen und steht darüber hinaus in wechselseitigen Beziehungen zu anderen Einheiten.

   Zum anderen ist das Marketing aber auch **funktionsübergreifend** zu betrachten. Hiermit ist gemeint, dass die gesamte Unternehmenskultur markt- bzw. kundenorientiert ausgerichtet ist. Demnach muss im gesamten Unternehmen die Bedürfnisbefriedigung aktueller und potenzieller Kunden beachtet werden.

Somit kann festgehalten werden, dass dem Marketing im heutigen Verständnis sowohl eine Führungsfunktion (funktionsübergreifend) als auch eine instrumentelle Aufgabe (gleichberechtigte Funktion) zuzuschreiben ist, welches sich in einem dualen Führungskonzept widerspiegelt.

2. **Marketing ist informations- und aktionsorientiert** („... *for creating, communicating, delivering and exchanging ...*")

   Marketing ist demnach auch als Schnittstelle zwischen Markt und Unternehmen zu sehen. So ist es auf der einen Seite **informationsorientiert**, da sowohl unternehmensinterne (z. B. Informationen über die Höhe des Marketingbudgets) als auch unternehmensexterne (z. B. Informationen über die Marktbeschaffenheit) Informationen mit in die Gestaltungs- und Entscheidungsprozesse einbezogen werden. Auf der anderen Seite ist das Marketing aber auch **aktionsorientiert**, welches ein funktionsübergreifendes kundenorientiertes Handeln innerhalb des Unternehmens mit sich bringt. So müssen Marketingaktivitäten immer in Abstimmung mit anderen Funktionsbereichen, wie z. B. Forschung & Entwicklung oder der Finanzabteilung, als auch auf Basis von Marktanforderungen geschehen. Dieser **Koordinationsbedarf** zeigt letztlich auch, dass das Marketing in jedem Fall als Führungsfunktion zu sehen ist und es nicht allein als ausführende Unternehmenseinheit verstanden werden darf.

3. **Marketing berücksichtigt den Kundennutzen und die Kundenbeziehung** („... *value for customers, clients ...*")

   Um einen Nutzen für den Kunden zu generieren, ist eine interne und externe Ausrichtung des Marketing in jedem Fall erforderlich. Um überhaupt ermitteln zu können, was dem Kunden einen Nutzen bringt, gilt es zunächst, die **Kundenbedürfnisse** zu erfassen (vgl. hierzu Kapitel 2.3). Zudem zielen Unternehmen heute nicht mehr auf eine kurzfristige Befriedigung des Kundennutzens ab, vielmehr stehen **langfristige Kundenbindungen** im Vordergrund. Dieser Ansatz wird seit den 1990er-Jahren in Wissenschaft und Praxis unter dem Begriff **Customer Relationship Management** verfolgt (für weitere Informationen vgl. z. B. *Raab/Werner, 2009; Bruhn, 2012*). Zur Entwicklung innerhalb der Kundenorientierung tragen selbstverständlich auch die rasanten Fortschritte in der Informations- und Kommunikationstechnologie bei.

4. **Marketing handelt zum Wohle der Organisation und ihrer Anspruchsgruppen** („... *partners and society at large ...*")

   Das Marketing ist an den übergeordneten Unternehmenszielen (vgl. hierzu Kapitel 3.1) auszurichten und sollte jederzeit hinsichtlich dieser überprüft werden.

Neben der Orientierung hinsichtlich Anbieter und Nachfrager sind aber auch die Bedürfnisse weiterer Anspruchsgruppen wie z. B. Aktionären, Mitarbeitern, staatlichen Institutionen, Interessenvertretungen oder Handelspartnern mit in die Betrachtung eines modernen erweiterten Marketingverständnisses einzubeziehen. Hierbei spricht man auch von einem **stakeholderorientierten Ansatz**.

Was Marketing heute bedeutet

Heutiges Marketingverständnis

Nachdem wir nun das moderne Verständnis in seine Bestandteile zerlegt und auch die Entwicklung des Marketing kennen gelernt haben, konzentrieren wir diese Gedanken nochmals hinsichtlich verschiedener Aspekte, um zu zeigen, was Marketing heute ist.

Zunächst ergibt sich eine **Konvergenz zwischen Marketing und Unternehmensführung**.

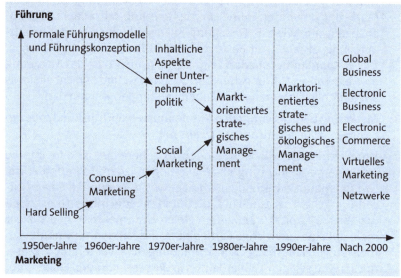

Abb. 2: Konvergenz von Marketing und Unternehmensführung
(*Weis, 2012, S. 28*)

Besonders die Integration beider Aspekte in den 1980er-Jahren und die Fortführung dieses Gedankens über die weitere Entwicklung zeigen die notwendige Ausrichtung der gesamten Unternehmensaktivitäten an den Marktbedürfnissen. Das Marketing bezieht sich daher nicht nur auf kommerzielle Aktivitäten am Absatzmarkt, sondern besitzt eine Vielzahl von Dimensionen, wie Sie in der folgenden Abbildung sehen.

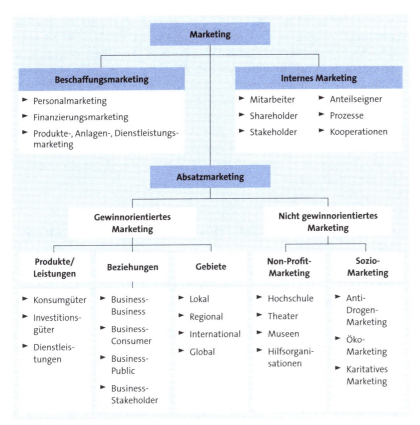

Abb. 3: Dimensionen des Marketing
(Weis, 2012, S. 25)

Ohne jeden einzelnen Gliederungspunkt der Abbildung an dieser Stelle zu besprechen, kann Marketing heute wie folgt verstanden werden:

„Heute wird Marketing überwiegend als Ausdruck für eine umfassende Philosophie und Konzeption des Planens und Handelns gesehen, bei der – ausgehend von systematisch gewonnenen Informationen – alle Aktivitäten eines Unternehmens konsequent auf die gegenwärtigen und künftigen Erfordernisse der Märkte ausgerichtet werden, mit dem Ziel der Befriedigung von Bedürfnissen des Marktes und der individuellen Ziele" (Weis, 2012, S. 23).

Ein Unternehmen ist i. d. R. auf **verschiedenen Märkten** tätig und mit **unterschiedlichen Anspruchsgruppen** verbunden. Dehnt man nun den Marktbegriff so weit, dass **jede Austauschbeziehung** – also auch das Wohlwollen von Gewerkschaften und der Politik gegenüber dem Unternehmen – als Konsequenz einer bestimmten Handlung des Unternehmens zu verstehen ist, so erkennt man den umfassenden Charakter des Marketing, denn auch diese Anspruchsgruppen nehmen mit ihrem Handeln Einfluss auf den Unternehmenserfolg und wollen ihre Ziele und Bedürfnisse befriedigt wissen (vgl. *ebd., S. 26*). Auch das **interne Marketing**, z. B. gegenüber den Mitarbeitern, ist im Grunde als Marketing am Arbeitsmarkt zu sehen. Auch wenn ein Arbeitsvertrag eine Leistungsbeziehung für eine gewisse Zeit konserviert, können grade hochqualifizierte Mitarbeiter jederzeit von Arbeitsmarktnachfragern angesprochen werden oder sich selbst aktiv anbieten.

Um im Folgenden nicht auf jede Form von Austauschbeziehungen eingehen zu müssen, bleibt unser Fokus der Absatzmarkt. Behalten Sie dennoch immer im Hinterkopf, dass Marketing von Markt kommt und nicht von Absatzmarkt.

1.4 Heutiges Verständnis des Marketingmanagement

Bereits in der angeführten Definition von *Weis* wird deutlich, dass Marketing auch ein Prozess ist. Diesen Prozess betrachten wir als Marketingmanagementprozess und erheben ihn gleichzeitig zum Gliederungsprinzip dieses Lehrbuchs.

Für den **Begriff des Marketingmanagement** wird im Folgenden wieder vom definitorischen Ansatz der American Marketing Association (AMA) ausgegangen. Sie definiert Marketingmanagement wie folgt:

„Marketingmanagement is the process of setting goals for an organization (considering internal resources and market opportunities), the planning and execution of activities to meet these goals, and measuring progress toward their achievement" (www.marketingpower.com).

Deutsche Übersetzung:
Marketingmanagement ist der Prozess zur Festlegung von Zielen für eine Organisation (unter Berücksichtigung von internen Ressourcen und Marktchancen), der Planung und Durchführung von Aktivitäten, um diese Ziele zu erfüllen, und die Messung der Fortschritte hinsichtlich ihrer Zielerreichung.

Die Definition versteht dabei das Marketingmanagement als **ganzheitlichen umfassenden Ansatz**, bei dem es darum geht, die Ziele, Bedürfnisse und Anforderungen des Marktes und seiner Teilnehmer frühzeitig zu erkennen, geeignete Maßnahmen zu entwickeln und umzusetzen und diese hinsichtlich der eigenen Unternehmensziele zu kontrollieren.

Die folgende Abbildung zeigt einen **ganzheitlichen Marketingmanagementansatz**, der in verschiedene Phasen unterteilt ist. Wichtig hierbei ist, dass dieser Prozess keinesfalls als Checkliste gesehen werden kann, die Punkt für Punkt abgearbeitet wird, sondern vielmehr einen hierarchischen Planungsansatz mit **Rückkopplungsschleifen** darstellt.

1. Grundlagen des Marketing und des Marketingmanagement

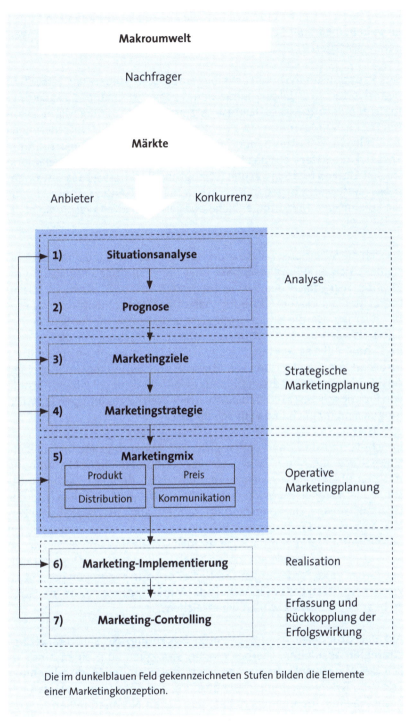

Abb. 4: Aufgaben des Marketing als Managementkonzept
(Meffert et al., 2012, S. 20)

1. Grundlagen des Marketing und des Marketingmanagement

Im weiteren Verlauf werden wir auf die dunkelblau hinterlegten Stufen eingehen, die in der Summe als Marketingkonzeption bezeichnet werden (vgl. *Meffert et al., 2012, S. 20 f.*).

Situationsanalyse

Die **Situationsanalyse** versucht die Frage „**Wo stehen wir jetzt?**" zu beantworten und bildet damit den Ausgangspunkt des Marketingmanagementprozesses. Dazu ist es zunächst notwendig, die relevanten Daten der Makroumwelt, der Mikroumwelt und des Unternehmens zu ermitteln. Ziel ist es dabei, die **Chancen und Risiken (Opportunities/Threats)**, die extern auf das Unternehmen einwirken, zu erkennen und sie den **Stärken und Schwächen (Strengths/Weeknesses)** des Unternehmens systematisch gegenüberzustellen (**SWOT-Analyse**), um daraus die zukünftigen Marketingentscheidungen abzuleiten (vgl. *Runia et al., 2007, S. 9*).

Prognosephase

Da sich die Situationsanalyse grundsätzlich auf den Istzustand bezieht, schließt sich eine **Prognosephase** über die zukünftige Entwicklung relevanter Aspekte in der betrachteten Periode an. Diese muss streng betrachtet als eigene Phase im Marketingmanagementprozess gesehen werden. Da die Situationsanalyse jedoch sowohl die Datenerhebung als auch die SWOT-Analyse umfasst, betrachten wir diese Phase im Rahmen dieses Lehrbuchs als zwischen diesen Punkten stehend, da insbesondere die Ableitung von Chancen und Risiken regelmäßig einen Ausblick über den Istzustand hinaus erfordert. Generell gilt es, mithilfe von Prognosen die Frage zu beantworten: **Welche zukünftigen Entwicklungen sind möglich und wahrscheinlich?**

Marketingziele

In Schritt drei sind dann die langfristigen **Marketingziele** festzulegen. Hierbei ist zu beachten, dass diese prägnant und in enger Abstimmung mit den übergeordneten Unternehmenszielen definiert werden müssen. Zudem stehen im Marketing nicht nur **ökonomische Ziele** (wie z. B. Gewinn, Umsatz, Deckungsbeitrag), sondern auch **psychografische Ziele** (wie z. B. die Erhöhung des Bekanntheitsgrads eines Produktes) im Vordergrund. Darüber hinaus gilt es auch soziale und umweltbezogene Marketingziele festzulegen, da es beim heutigen Marketingverständnis darum geht, Forderungen sämtlicher Anspruchsgruppen gerecht zu werden. Letztlich geht es innerhalb der Marketingziele darum, die Frage zu beantworten: **Was wollen wir erreichen?**

Marketingstrategien

Auf der Grundlage der festgelegten Marketingziele sind **Marketingstrategien** abzuleiten. Hierbei können Strategien zum einen hinsichtlich der **Marktwahl** und zum anderen bezüglich der **Marktteilnehmer** erfolgen. Bei der weiteren Beschäftigung mit dem Thema werden wir grundlegende Theorien vorstellen, aus denen **Normstrategien** für das Marketing abgeleitet werden können. Grundsätzlich geht es bei der Formulierung der Marketingstrategien darum, sich mit der Fragestellung auseinanderzusetzen: **Wie können wir die gesteckten Ziele erreichen?**

Nachdem die grundlegenden Stoßrichtungen fixiert wurden, gilt es, in der **operativen Marketingplanung** die einzelnen Marketinginstrumente festzulegen. Hierbei unterscheidet man, wie bereits erwähnt, i. d. R. zwischen den vier grundlegenden Bereichen des **Marketingmix**, welche auch unter dem Begriff „4 Ps" zusammengefasst werden (vgl. *Esch et al., 2011, S. 33*):

Operative Marketingplanung

- **Product:** Leistungs- und Programmpolitik
- **Price:** Preis- und Konditionenpolitik
- **Place:** Distributionspolitik
- **Promotion:** Kommunikationspolitik.

Die operative Marketingplanung stellt gleichzeitig auch den Abschluss dieses Lehrbuchs dar, wohingegen der ganzheitliche Marketingmanagementansatz noch die **Implementierung**, also die Realisation und Durchsetzung der Marketingmaßnahmen, und das **Marketingcontrolling** umfasst. Letzteres prüft, ob die Maßnahmen ihre Ziele erreicht haben und ob gegebenenfalls Anpassungen auf strategischer Ebene für die Zukunft vorzunehmen sind.

Kapitel 2

2. Analyse von Märkten und Kundenverhalten

2.1 Informationsebenen für das Marketing

2.2 Grundlagen der Marktforschung

2.2.1 Begriffliche Abgrenzung von Marktforschung

2.2.2 Idealtypischer Ablaufprozess der Marktforschung

2.2.3 Arten der Datenerhebung

2.2.3.1 Befragungen
2.2.3.2 Beobachtungen
2.2.3.3 Experimente
2.2.3.4 Panel

2.3 Grundlagen der Käuferverhaltensforschung

2.4 Bestimmungsfaktoren des Käuferverhaltens

2.4.1 Involvement

2.4.1.1 Bestimmungsfaktoren des Involvement
2.4.1.2 Arten von Kaufentscheidungsprozessen
2.4.1.3 Konkretisierung der informationalen Relevanz anhand verschiedener Güterkategorien

2.4.2 Die motivorientierte Betrachtung des Kundennutzen

2.4.2.1 Motivtheorien
2.4.2.2 Kaufentscheidungen als Kosten-/Nutzenabwägungen
2.4.2.3 Verbreitete Motive

2.5 Prognosephase

2.6 Situationsanalyse

2.6.1 Chancen-und-Risiken-Analyse
2.6.2 Stärken-und-Schwächen-Analyse
2.6.3 SWOT-Analyse

2. Analyse von Märkten und Kundenverhalten
2.1 Informationsebenen für das Marketing

Im vorherigen Kapitel haben wir bereits erkennen können, dass Marketing als Unternehmensführungskonzept zu sehen ist. Des Weiteren haben Sie das Konzept eines modernen Marketingmanagementansatzes kennen gelernt. Ausgangspunkt des Konzepts ist die **Situationsanalyse**, für die zunächst Informationen über den Markt und dessen Teilnehmer beschafft werden müssen. In einem zweiten Schritt werden die unternehmensinternen Stärken und Schwächen ermittelt und den extern ermittelten Chancen und Risiken gegenübergestellt. An die Informationsbeschaffungsphase schließt sich dann die Analyse dieser Informationen an.

Im Folgenden soll daher auf die einzelnen Informationsebenen für das Marketing eingegangen werden. Im Fokus stehen dabei die Markt- und Käuferverhaltensforschung.

Um eine umfassende Analyse innerhalb des Marketingkonzepts vornehmen zu können, ist es notwendig, eine Informationsgrundlage in den folgenden drei Teilbereichen zu schaffen, die in der folgenden Abbildung zu erkennen sind:

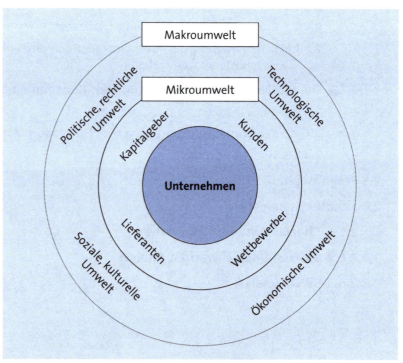

Abb. 5: Teilbereiche der Informationsbasis des Marketing
(*Kreutzer, 2010, S. 5*)

Die **Makroumwelt** umfasst sämtliche globale Umweltfaktoren, die sich in politisch-rechtliche, ökonomische, soziokulturelle und technologische Faktoren unterteilen lassen. Hier wird die Unterteilung in PEST (Political, Economical, Social, Technological) vorgenommen.

- **Politisch-rechtliche Umweltfaktoren** sind besonders durch den Erlass von Gesetzten geprägt.
- **Ökonomische Umweltfaktoren** umfassen die gesamtwirtschaftliche Entwicklung (z. B. Gehaltsentwicklungen).
- **Soziale, kulturelle Umweltfaktoren** zielen auf die gesellschaftlichen Werte ab (z. B. kulturelle und gesellschaftliche Einstellungen).
- **Technologische Umweltfaktoren** umfassen die technologischen Entwicklungen (z. B. die rasante Entwicklung in der Informations- und Kommunikationstechnologie).

Makroumwelt

Die **Mikroumwelt** umfasst den Markt und dessen Teilnehmer. Die Beschaffung diesbezüglicher Informationen ist wesentliches Ziel der Marktforschung (vgl. hierzu Kapitel 2.2).

Mikroumwelt

QV

Innerhalb des Teilbereiches „Unternehmen" geht es letztlich darum, unternehmensinterne Informationen zu beschaffen. So sollen z. B. Informationen über die einzelnen Unternehmensbereiche eingeholt werden, um anschließend die Stärken und Schwächen innerhalb des Unternehmens analysieren zu können.

2.2 Grundlagen der Marktforschung

2.2.1 Begriffliche Abgrenzung von Marktforschung

Die Marktforschung ist, wie bereits angesprochen, eine wichtige Grundlage für eine umfassende Situationsanalyse innerhalb des Marketing. Hierbei soll zwischen der Marketing- und der Marktforschung unterschieden werden. So definiert *Bruhn* die **Marketingforschung** wie folgt:

Marketingforschung

„Marketingforschung umfasst die Gewinnung, Auswertung und Interpretation von Informationen über jetzige und zukünftige Marketingsituationen und -entscheidungen einer Unternehmung" (2009, S. 87).

Daraus lässt sich schließen, dass innerhalb der Marketingforschung sämtliche unternehmensinterne und -externe Informationen herangezogen werden, die für die Anwendung und Wirkung bzw. Wirkungskontrolle von Marketinginstrumenten von Bedeutung sind. Insgesamt kann zwischen vier verschiedenen **Untersuchungsbereichen der Marketingforschung** differenziert werden:

1. Entwicklung des Marktes (z. B. Marktvolumen, -potenzial)
2. Verhalten der Marktteilnehmer (z. B. Nachfrager-, Konkurrenzanalyse)
3. Wirkung der Marketinginstrumente (z. B. Effizienz der Werbemaßnahmen)
4. Beobachtung unternehmensspezifischer Marketingfaktoren (z. B. Beobachtung von Vertriebskosten).

Marktforschung

Im Gegensatz zur Marketingforschung konzentriert sich die **Marktforschung** ausschließlich auf marktorientierte Untersuchungsbereiche und definiert sich wie folgt:

„Die Marktforschung beschäftigt sich mit einer systematischen und empirischen Ermittlung sowie Aufbereitung relevanter Informationen über Absatz- und Beschaffungsmärkte eines Unternehmens, um Marketingentscheidungen zu fundieren" (Bruhn, 2009, S. 89).

Es lässt sich somit festhalten, dass die Marktforschung auf der einen Seite weiter gefasst ist, da sie neben dem Absatzmarkt (z. B. Verkauf von Produkten) auch den Beschaffungsmarkt (z. B. Kauf von Markenrechten) miteinbezieht. Auf der anderen Seite beinhaltet die Marktforschung im Gegensatz zur Marketingforschung keine unternehmensinternen Tatbestände. Die folgende Abbildung veranschaulicht nochmals die Differenzierung, dieser in Wissenschaft und Praxis teilweise synonym verwendeten Begriffe.

Abb. 6: Marktforschung vs. Marketingforschung
(in Anlehnung an *Böhler, 2004, S. 20*)

2.2.2 Idealtypischer Ablaufprozess der Marktforschung

In Kapitel 2.1.1 haben wir den Begriff der Marktforschung abgegrenzt. Die von uns verwendete Definition von *Bruhn* weißt auf den **systematischen Charakter** hin, wonach es sich im Folgenden anbietet, einem **idealtypischen Prozess der Marktforschung** zu folgen, den die nachstehende Abbildung zeigt:

QV

Idealtypischer Marktforschungsprozess

Abb. 7: Prozessablauf der Marktforschung
(in Anlehnung an *Homburg/Krohmer, 2009, S. 243*)

Innerhalb der **Problemformulierung** geht es zunächst darum, das Ziel der Studie innerhalb einer Fragestellung zu formulieren (z. B. Wie sind die Chancen für ein neues Produkt am Markt?). Des Weiteren muss die **Grundgesamtheit** bzw. die Zielgruppe in dieser Phase formuliert werden, unter der man die Gesamtmenge aller Objekte (z. B. Kunden) versteht, die für die untersuchende Fragestellung relevant sind.

Problemformulierung

Untersuchungsdesign

Im nächsten Prozessschritt wird das **Untersuchungsdesign** bzw. die Art der Marktforschungsstudie festgelegt. Generell stehen hierzu folgenden drei Studienarten zur Auswahl.

▸ **Deskriptives Untersuchungsdesign**
Möglichst genaue Erfassung und Beschreibung der für die Untersuchungsthematik relevanten Zusammenhänge, ohne dabei Zusammenhänge zwischen den einzelnen Variablen zu untersuchen.

Beispiel

Wie hoch ist das Einkommen meiner Zielgruppe?

▸ **Exploratives Untersuchungsdesign**
Erarbeitung eines grundlegenden strukturierten Verständnisses für die i. d. R. unerforschte Untersuchungsthematik. Zusammenhänge zwischen den Variablen können untersucht werden, jedoch ohne im Vorfeld Hypothesen bezüglich möglicher Zusammenhänge zu formulieren.

Beispiel

Warum interessieren sich Personen für das neue Produkt?

▸ **Explikatives Untersuchungsdesign**
Analyse von Ursache und Wirkung. Im Gegensatz zu den beiden anderen Verfahren gilt es, Zusammenhänge zwischen Variablen aufgrund vorab formulierter Hypothesen zu überprüfen.

Beispiel

Hat das Einkommen der Kunden Einfluss auf den Absatz des neuen Produktes?

Durchführende der Marktforschung

Bei der **Bestimmung der Durchführenden** geht es darum zu entscheiden, ob die Marktforschungsstudie vom eigenen Unternehmen oder von einem externen Marktforschungsinstitut durchgeführt werden soll. Hier sind z. B. Kosten sowie Fähigkeiten und Kapazitäten der eigenen Mitarbeiter hinsichtlich der Entscheidungsoptionen abzuwägen.

Datenerhebungsmethode

Der Prozessschritt **Festlegung der Datenerhebungsmethode** ist komplex und in Zusammenhang mit dem Untersuchungsdesign zu betrachten, da die Marktforschung eine Vielzahl von verschiedenen Erhebungsinstrumenten bietet. Zudem gilt es, in Verbindung mit der Forschungsfrage festzulegen, ob man eher qualitative oder quantitative (Merkmalsausprägungen drücken sich in konkreten Zahlenwerten aus) Daten erheben möchte. Auch ein kombinierter Ansatz ist denkbar (vgl. für einen Überblick der Datenerhebungsmethoden Kapitel 2.2.3).

QV

Die **Stichprobenauswahl** ist der nächste Schritt innerhalb des Marktforschungsprozesses und erfolgt auf Basis der Grundgesamtheit. Entscheidet man sich dafür, die Marktforschungsstudie an der gesamten Zielgruppe durchzuführen und damit alle Elemente der Grundgesamtheit zu befragen, so spricht man auch von einer **Vollerhebung**. Bei einer **Teilerhebung** wiederum wird nur ein Teil der Grundgesamtheit untersucht. In diesem Zusammenhang gilt es vor allem zu bestimmen, wie groß der Umfang der Stichprobe sein soll und ob die Auswahl bewusst, willkürlich oder zufällig vorgenommen wird. Idealziel der Teilerhebung ist es, dass die Stichprobe in ihrer Zusammensetzung der Grundgesamtheit entspricht. In diesem Fall spricht man auch von einer **repräsentativen Stichprobe**. In der Regel ist wegen der Größe der Grundgesamtheit eine Vollerhebung nicht möglich, sodass es das Ziel sein muss, eine möglichst repräsentative Stichprobe auszuwählen.

Stichprobenauswahl

Bei der **Gestaltung des Erhebungsinstruments** geht es darum, unter Berücksichtigung der gewählten Datenerhebungsmethode das Befragungsinstrument zu gestalten (z. B. die Gestaltung eines Fragebogens, der die Einstellung der potenziellen Kunden zum neuen Produkt erfassen soll).

Erhebungsinstrument

Gehen wir weiterhin von einer Kundenbefragung durch einen Fragebogen aus, so geht es bei der **Durchführung der Datenerhebung** um den eigentlichen Befragungsprozess. So werden z. B. die Fragebögen an die potenziellen Kunden geschickt, die an der Marktstudie teilnehmen sollen. Allgemein betrachtet findet der Prozess der Datenerhebung durch Befragung, Beobachtung oder Experiment statt.

Datenerhebung

Im Prozessschritt der **Editierung und Kodierung der Daten** geht es zunächst darum, fehlerhafte Antworten herauszufiltern und gegebenenfalls zu entfernen (Editierung) und die Rückläufer so umzuwandeln, dass sie ausgewertet werden können (Kodierung).

Editierung und Kodierung

Innerhalb der **Datenanalyse und -interpretation** gilt es, ein geeignetes statistisches Analyseverfahren auszuwählen, um aus den häufig großen Datenmengen aussagekräftige Informationen zu generieren. Die Entscheidung hinsichtlich des Analyseverfahrens ist dabei eng mit dem vorher ausgewählten Untersuchungsdesign und der Durchführung der Datenerhebung verknüpft.

Datenanalyse/ -interpretation

Im letzten Schritt, der **Ergebnispräsentation**, sollen die gewonnen Erkenntnisse den involvierten Unternehmensbereichen in einer möglichst verständlichen Form kommuniziert werden, damit sie daraufhin ihre Entscheidungen treffen können.

Ergebnispräsentation

2.2.3 Arten der Datenerhebung

QV

Arten der Datenerhebung

Nachdem Sie innerhalb des Kapitels 2.2.2 einen idealtypischen Marktforschungsprozess kennen gelernt haben, werden wir im Weiteren auf die verschiedenen **Arten der Datenerhebung** eingehen, da hier weitgehende Entscheidungen getroffen werden müssen.

Ist das Problem formuliert und das Untersuchungsdesign festgelegt, wird innerhalb des Marktforschungsprozesses festgelegt, ob die Studie auf Basis von Primär- oder Sekundärdaten erfolgen soll.

Primärforschung

Während die Sekundärforschung auf bereits erhobene Daten zurückgreift, werden in der **Primärforschung** spezifische Untersuchungen zu einem bestimmten Informationsbedarf erstmalig durchgeführt. Zudem können die Informationsquellen sowohl unternehmensintern als auch -extern sein. Die folgende Abbildung zeigt Beispiele zu den verschiedenen Erhebungsmethoden und Informationsquellen:

		Erhebungsmethoden	
		Sekundärerhebung	Primärerhebung
Informationsquellen	Innerbetrieblich	z. B. ▸ Absatzstatistik ▸ Kostenrechnung ▸ Berichtswesen (Außendienst, Rechnungswesen, Kundendienst, Messe) ▸ Vorhandene Marktstudien	z. B. ▸ Befragung des Außendienstes ▸ Mitarbeiterbefragung
	Außerbetrieblich	z. B. ▸ Amtliche Statistik ▸ Verbandsstatistiken ▸ Standardisierte Marktinformationsdienste (Verbraucher- und Handelspanels, Media-Analysen)	z. B. ▸ Befragung bzw. Beobachtung von Endabnehmern oder des Handels ▸ Testmärkte, Experimente

Abb. 8: Beispiele für Erhebungsmethoden
(in Anlehnung an *Böhler, 2004, S. 63*)

Sekundärforschung

Die **Sekundärforschung** ist üblicherweise der Ausgangspunkt einer jeden Markforschungsstudie. Auch wenn im zweiten Schritt eine Primärforschung zur Datengewinnung erfolgt, sollten zunächst bestehende Informationen analysiert und ausgewertet werden. Mittels einer Primärforschung sollen die Daten ermittelt werden, die in der Sekundärforschung nicht ermittelt werden können. Die durch die Sekundärforschung ermittelten Daten bilden häufig auch den Ausgangspunkt für das Forschungsdesign der Primärerhebung. Exemplarisch kann durch eine Sekundärforschung ermittelt werden (explorativ), welche Merkmale für eine Kaufentscheidung bezüglich einer bestimmten Produktgattung gegenwärtig relevant sind. Die Primärerhebung kann dann die Merkmalsausprägung bezüglich des konkreten Produktes ermitteln.

Zum besseren Verständnis der Anwendung von Primär- und Sekundärforschung stellen wir im Folgenden deren wesentlichen Vor- und Nachteile vor.

Vorteile der Sekundärforschung:
- Beschaffung von Daten meist günstig und schnell
- oftmals die einzige Möglichkeit zur Informationsgewinnung
- erleichtert die Interpretation von Primärdaten
- Unterstützungscharakter bei der Planung und Durchführung von nachfolgenden Marktforschungen

Nachteile der Sekundärforschung:
- Die Fragestellung entspricht nicht exakt der gewünschten Fragestellung.
- Die genauen Details der Erhebung sind nicht zu ermitteln.
- Die Daten sind auf dem falschen Aggregationsniveau aufbereitet.
- Die Untersuchungseinheiten entsprechen nicht der Problemstellung.

  Beispiel

  Es wurde nur eine Altersgruppe potenzieller Kunden befragt. Das Unternehmen möchte allerdings, dass alle Altersgruppen erfasst werden.

- Die verschiedenen Sekundärquellen verwenden unterschiedliche Untersuchungseinheiten.

  Beispiel

  Es werden in einer Quelle die Filialen eines Unternehmens betrachtet, während in einer anderen Marktanalyse das gesamte Unternehmen untersucht wird.

- Die Gliederungssystematik ist nicht detailliert genug.

Beispiel

Ein Unternehmen benötigt die Absatzzahlen eines bestimmten Produkts. Innerhalb der Sekundärquelle finden sich allerdings nur die Absatzzahlen der übergeordneten Warengruppe.

- Die Daten sind oft veraltet.

Beispiel

Ein Unternehmen wünscht aktuelle Umsätze der Branche, um den eigenen aktuellen Marktanteil schätzen zu können, findet allerdings nur verjährte Sekundärquellen.

Die angesprochenen Nachteile der Sekundärforschung implizieren somit auch den Hauptvorteil der **Primärforschung**, welche die Möglichkeit bietet, eine bedarfsspezifische Marktanalyse vornehmen zu können. Hierbei ist natürlich auch zu beachten, dass diese Analysen einen viel höheren Kosten-, Zeit- und/oder Ressourceneinsatz mit sich bringen. Daher wird die Primärforschung in aller Regel dazu eingesetzt, die Informationslücken zu schließen, die nach der Sekundärforschung noch verbleiben.

Untersuchungsformen

Generell werden folgende Untersuchungsformen unterschieden:

- Befragungen
- Beobachtungen
- Experimente.

2.2.3.1 Befragungen

Befragung

Die **Befragung** ist die wichtigste Methode innerhalb der Primärforschung (vgl. *Jung, 2010, S. 597*). *Olbrich et al.* definieren die Befragung als

„... ein planmäßiges Vorgehen mit wissenschaftlicher Zielsetzung, bei dem die Versuchspersonen durch gezielte Fragen oder sonstige Stimuli zu verbalen Aussagen veranlasst werden sollen" (2012, S. 73).

Die Definition zeigt, dass für eine aussagekräftige Befragung eine systematische Planung unbedingt notwendig ist. Dabei ist es wichtig, anhand des zuvor definierten Erkenntnisziels die Befragung auszurichten. Grundsätzlich ergeben sich für die Befragung folgende **Gestaltungsparameter**, die es zu unterscheiden gilt:

Gestaltungsparameter der Befragung

- **Zielpersonen der Befragung**
  Innerhalb dieses Gestaltungsparameters ist festzulegen, wer überhaupt befragt werden soll. Man unterscheidet hier vor allem zwischen **Bevölkerungsumfragen** (z. B. Kundenbefragung zu einem neuen Produkt) und **Expertenbefragungen** (z. B. die Befragung von Marktforschern zur möglichen Marktentwicklung eines neuen Produktes).

- **Befragungsstrategie**
  Bei der Befragungsstrategie ist im Vorfeld festzulegen, ob die Befragung **standardisiert** (Fragen und deren Reihenfolge sind festgelegt) oder **frei** (nur das Untersuchungsthema ist festgelegt) erfolgen soll. Die freie Befragung mittels eines flexibel handhabbaren Frageleitfadens ist eher darauf ausgerichtet, qualitative Informationen zu erlangen. Ein Beispiel hierfür ist u. a. die Gewinnung von neuen Produktideen. Im Gegensatz dazu geht es bei der standardisierten Befragung darum, quantitative und direkt vergleichbare Informationen zu generieren. Zudem werden bei einer freien Befragung i. d. R. nur wenige Personen befragt, während bei einer standardisierten Befragung eine Vielzahl von Personen teilnimmt. Zudem lässt sich festhalten, dass eine freie Befragung eher in einem explorativen Untersuchungsdesign angewendet wird.

- **Befragungstaktik**
  Hier ist zwischen einer direkten und indirekten Befragungstaktik zu unterscheiden. Während innerhalb der **direkten Befragungstaktik** das Erkenntnisziel für den Befragten offensichtlich ist, soll es bei der **indirekten** nach Möglichkeit nicht zu erkennen sein, um somit tiefere psychologische Erkenntnisse zu gewinnen.

- **Zahl der Untersuchungsthemen**
  Innerhalb einer Befragung ist es zudem möglich, nicht nur ein, sondern mehrere Thematiken zu untersuchen. Die Mehrthemenumfrage ist auch als **Omnibusumfrage** bekannt und wird vor allem von kommerziellen Marktforschungsinstituten eingesetzt (z. B. Befragung zu Untersuchungsthemen für eine gesamte Branche). Dem gegenüber steht die Einthemenbefragung.

- **Kommunikationsformen**
  Hinsichtlich der Kommunikationsform kann zwischen einer mündlichen, schriftlichen, telefonischen und der Online-Befragung unterschieden werden.

  Bei der **mündlichen Befragung (Face-to-Face-Befragung)** findet eine direkte, persönliche Interaktion mit dem Befragten statt, während bei der **schriftlichen Befragung** ein Fragebogen an den Befragten geschickt wird, den er dann ausgefüllt zurücksenden soll.

Die **telefonische Befragung** ist dadurch gekennzeichnet, dass der Befragte durch einen Interviewer am Telefon befragt wird. Hierzu werden i. d. R. computergestützte Systeme (CATI-Systeme) eingesetzt, durch die eine schnelle Erfassung der Daten ermöglicht wird.

Eine immer populärer werdende Form der Befragung ist die **Online-Umfrage**. Hierbei wird der Fragebogen dem Befragten im Internet bereitgestellt und kann mit zusätzlichen Inhalten, wie z. B. Videos, ergänzt werden. Auch hier ist eine schnelle Erfassung der Daten möglich, da diese nach Absenden des Fragebogens direkt zur Verfügung stehen.

Generell lassen sich für die einzelnen Befragungsmethoden folgende Vor- und Nachteile herausstellen:

Befragungsmethode	Vorteile	Nachteile
Standardisierte mündliche Befragung	▶ Komplizierte Sachverhalte können vom Interviewer erläutert werden. ▶ Geringe Verweigerungsquoten der Befragten ▶ Zusätzliche Erfassung nonverbaler Reaktionen möglich	▶ Relativ hohe Durchführungskosten ▶ Interviewer kann Einfluss auf den Befragten und somit auf die Befragung nehmen.
Standardisierte schriftliche Befragung	▶ Kosten relativ gering ▶ Keine Beeinflussung durch den Interviewer möglich ▶ Befragter kann in Ruhe über Antworten nachdenken.	▶ Geringere Rücklaufquoten ▶ Keine Möglichkeit für den Befragten, Verständnisfragen zu stellen ▶ Keine Erfassung nonverbaler Reaktionen
Standardisierte telefonische Befragung	▶ Kosten relativ gering ▶ Möglichkeiten für den Befragten, Verständnisfragen zu stellen ▶ Geringerer Einfluss des Interviewers als bei mündlicher Befragung	▶ Keine Erfassung nonverbaler Reaktionen ▶ Problematik der telefonischen Erreichbarkeit mancher Zielgruppen (z. B. Spätschichtarbeiter)
Online-Befragung	▶ Kosten relativ gering ▶ Hohe Reichweite an Befragten möglich ▶ Große Umfragen können relativ zeitnah erfolgen	▶ Unzureichende Informationen über die Grundgesamtheit aufgrund der Anonymität ▶ Gefahr unseriöser Antworten aufgrund der Anonymität

Vor- und Nachteile der einzelnen Befragungsmethoden
(*Homburg/Krohmer, 2009, S. 260*)

2.2.3.2 Beobachtungen

Eine weitere Form der Primärforschung stellen die **Beobachtungen** dar. *Kuß* definiert diese wie folgt:

„In der Marktforschung ist die Beobachtung der systematische und zielgerichtete Prozess der Erfassung des Verhaltens bzw. der Eigenschaft von Personen, Objekten und Situationen ohne eine Befragung oder sonstige Kommunikation" (2012, S. 145).

Daher sind Beobachtungen besonders dann sinnvoll, wenn eine Befragung nicht möglich ist (z. B. bei Kleinkindern) oder wenn das Verhalten der Zielperson erkannt werden soll (z. B. Einkaufsverhalten im Supermarkt).

Auch die Beobachtung bietet eine Vielzahl von Gestaltungsmöglichkeiten, die anhand der folgenden **drei Dimensionen** charakterisiert werden können:

- **Standardisierte und nichtstandardisierte Beobachtung**
  Während es bei der nichtstandardisierten Beobachtung vor allem um eine umfassende Informationssammlung geht, werden bei der standardisierten Beobachtung zunächst Merkmale (z. B. zeitliche Erfassung der Einkaufsdauer eines Kunden) festgelegt, die sich am Untersuchungsziel orientieren. Die nichtstandardisierte Beobachtung wird vor allem im deskriptiven Untersuchungsdesign eingesetzt, wohingegen bei der standardisierten Beobachtung der Untersuchungsgegenstand im Vorfeld abgegrenzt sein sollte.

- **Teilnehmende und nichtteilnehmende Beobachtungen**
  Bei der teilnehmenden Beobachtung wird der Beobachter aktiv in den Beobachtungsprozess mit einbezogen. So kann er z. B. die Rolle eines Kunden einnehmen und die Freundlichkeit des Kundenkontaktpersonals in einem Supermarkt überprüfen. Nimmt der Beobachter keine zusätzliche Rolle ein, so ist auch von nichtteilnehmenden Beobachtungen die Rede.

- **Offene und getarnte Beobachtungen**
  Innerhalb einer offenen Beobachtung ist der Beobachtete darüber informiert, dass eine Beobachtung stattfindet. Dies kann jedoch dazu führen, dass dieser sein Verhalten daraufhin ändert und es somit zu verfälschten Beobachtungsergebnissen kommen kann. Dies wäre bei einer getarnten Beobachtung nicht der Fall, jedoch sind hierbei rechtliche und ethische Fragen zu beachten.

Letztlich können für die Beobachtung folgende Vor- und Nachteile festgehalten werden:

Vorteile	Nachteile
► Häufig die einzige Möglichkeit der Datenerhebung (z. B. bei der Werbeforschung) ► Im Vergleich zu anderen Datenerhebungsmethoden häufig kostengünstiger ► Es kann keine Beeinflussung eines Interviewers stattfinden.	► Bei offenen Beobachtungen kann ein atypisches Verhalten der Beobachteten auftreten (Beobachtungseffekt). ► Die Beobachtungssituation kann nicht wiederholt werden, da sie einmalig ist. ► Mangelnde Qualität des Beobachters hinsichtlich seines Beobachtungsbestrebens (z. B. aufgrund von Müdigkeit oder Ablenkung)

Vor- und Nachteile einer Beobachtung
(Homburg/Krohmer, 2009, S. 262)

2.2.3.3 Experimente

Experimente

Streng genommen sind **Experimente** nicht als eigenständige Erhebungsmethode der Primärforschung zu betrachten. Die Datengewinnung erfolgt durch Beobachtung und/oder Befragung auf Basis einer Versuchsanordnung (vgl. *Berekoven et al., 2009, S. 146; Böhler, 2004, S. 41*).

Generell lässt sich der Experimentbegriff definitorisch wie folgt abgrenzen:

„Ein Experiment dient der Überprüfung einer Kausalhypothese, wobei eine oder mehrere unabhängige Variable(n) durch den Experimentator – bei gleichzeitiger Kontrolle aller anderen Einflussfaktoren – variiert wird, um die Wirkung der unabhängigen auf die abhängige(n) Variable(n) messen zu können" (Böhler, 2004, S. 40).

Die Definition zeigt, dass es in einem Experiment vor allem darum geht, Ursachen-Wirkungszusammenhänge (Kausalhypothese) zu erkennen, und diese Erhebungsmethode daher i. d. R. bei explikativen Untersuchungsdesigns angewendet wird. Hierbei wird im einfachsten Fall die Hypothese überprüft, inwiefern eine unabhängige Variable eine abhängige Variable beeinflusst.

Ein Beispiel hierfür ist der Einfluss der Gehaltshöhe (unabhängige Variable) auf den Kauf eines neuen Produktes (abhängige Variable). Dieser Zusammenhang kann jedoch nur überprüft werden, wenn die unabhängige und abhängige Variable sich isolieren lassen und somit alle anderen Einflussfaktoren konstant gehalten werden können (Kontrolle aller anderen Einflussfaktoren).

Generell kann zwischen zwei Arten von Experimenten unterschieden werden:

Das **Feldexperiment** findet in einer natürlichen Situation, d. h. im gewohnten Umfeld der Versuchspersonen, statt. Zudem wissen die Versuchspersonen meistens nicht, dass sie an einem Experiment teilnehmen. Ein Beispiel für ein solches Feldexperiment ist ein **regionaler Testmarkt**, bei dem Marketingmaßnahmen in einer Einkaufsregion hinsichtlich des Kundenverhaltens und der Wettbewerbssituation überprüft werden. Die Auswahl der Region sollte dabei möglichst repräsentativ für den Gesamtmarkt ausgewählt werden.

Feldexperiment

Testmarkt

Beispiel

Haßloch als Testmarkt
Die Gemeinde Haßloch ist Testmarkt der Gesellschaft für Konsumforschung (GfK) für neue Markenartikel und Konsumprodukte: Im Haßlocher Einzelhandel sind vorab Produkte erhältlich, die erst in Zukunft in der Bundesrepublik Deutschland eingeführt werden sollen. In das örtliche Fernsehkabelnetz werden spezielle Werbefilme für diese Produkte eingeblendet, d. h. die nationale Fernsehwerbung wird hier überblendet, einzelne Zeitungen (wie z. B. die Hörzu, Bunte) werden speziell für Haßloch mit Anzeigen für die neuen Produkte herausgegeben. Einige Bürger besitzen zudem Karten mit Strichcodes, die beim Einkauf gescannt werden, sodass eine Zuordnung der Einkäufe zu einzelnen Haushalten oder Personen möglich wird. Die GfK kann somit ermitteln, wie die getesteten Produkte von den Kunden angenommen werden. Die Erfahrungen, die die GfK hier macht, stimmen zu 90 % mit späteren Marktdaten überein.

Ausgewählt wurde Haßloch deshalb, weil dieser Ort eine Bevölkerungsstruktur aufweist, die nach verschiedenen Kriterien dem deutschen Durchschnitt sehr nahe kommt – etwa in der Altersstruktur und den sozialen Schichten. Auch nimmt Haßloch eine Mittelstellung zwischen städtischer und dörflicher Struktur ein.

Laborexperiment

Die andere Form der Experimente stellen so genannte **Laborexperimente** dar. Im Gegensatz zu den Feldexperimenten finden diese aber unter Bedingungen statt, die vom Forscher im Vorfeld künstlich geschaffen wurden. Es können also die situativen Faktoren hinsichtlich des Untersuchungsziels angepasst werden.

Beispiel

Ein Beispiel für ein Laborexperiment ist die Blindverkostung verschiedener Joghurtsorten, in (weitgehend) reizfreier Umgebung. Hierbei muss die Versuchsperson z. B. verschiedene Joghurts verkosten, ohne dabei die Verpackung bzw. die Marke zu kennen.

2.2.3.4 Panel

Panels

Eine Sonderform der Primärforschung stellen die so genannten **Panels** dar. *Olbrich et al.* definieren sie als,

„... eine festgelegte, gleichbleibende Menge von Erhebungseinheiten, bei denen über einen längeren Zeitraum wiederholt oder kontinuierlich die gleichen Merkmale erhoben werden" (2012, S. 77).

Da Panels über einen längeren Zeitraum kontinuierlich erhoben werden müssen, sind diese oft mit hohen Zeit- und Kostenaufwendungen verbunden, sodass sie i. d. R. von Markforschungsinstituten durchgeführt werden. Diese geben dann die Paneldaten an verschiedene Auftraggeber weiter, um so die hohen Investitionen für den Aufbau eines Panels wieder auszugleichen. Ein bekanntes Beispiel hierfür sind die Panels der GfK.

Arten von Panels

Generell lässt sich zwischen **drei Arten von Panels** differenzieren:

- **Konsumentenpanel**
  Beim Konsumentenpanel kann zwischen einem Haushalts- und einem Einzelpersonenpanel unterschieden werden. Bei beiden Arten werden die Einkaufsdaten (z. B. Produkte, Preise, Einkaufsstätte) durch die Teilnehmer erfasst.
- **Handelspanel**
  Bei Handelspanels werden keine Konsumenten untersucht, sondern Daten verschiedener Verkaufsstätten des Handels untersucht. Hier wird z. B. über den Vergleich der Lagerbestände zwischen zwei Zeitpunkten der Absatz von Produkten untersucht.

- **Spezialpanel**
  Die bekannteste Form eines Spezialpanels ist das Fernsehpanel. Hierbei wird durch eine technische Einrichtung das Fernsehverhalten einer repräsentativen Auswahl von Haushalten ermittelt. Ein Ziel des Panels ist es, die Reichweite von TV-Werbung messbar machen zu können.

Aufgrund der langfristigen Ausrichtung von Panels können vor allem **wiederkehrende Verhaltensweisen** von Verbrauchern (z. B. Wiederkaufrate eines Produktes) erforscht werden. Dies ist bei einer einmaligen Beobachtung nicht möglich. Jedoch bleibt festzuhalten, dass sich neben dem hohen Zeit- und Kostenaufwand auch andere Probleme durch die Panelerhebung ergeben können, die letztlich die Repräsentativität eines Panels gefährden.

Verweigerungsrate/ Panelermüdung	Nicht alle Panelteilnehmer besitzen dauerhaft die gleiche Bereitschaft, am Panel mitzuarbeiten.
Panelsterblichkeit	Ausscheiden von einzelnen Panelteilnehmern z. B. aufgrund von Tod, Desinteresse oder Umzug
Panelrotation	Aufgrund der Veränderung der Grundgesamtheit des Panels (z. B. durch Panelsterblichkeit) muss das Panel angepasst werden.
Paneleffekt	Die Panelteilnehmer ändern aufgrund des Panels im Zeitverlauf ihr Kaufverhalten. Dies kann sowohl bewusst, als auch unbewusst geschehen.

Probleme durch die Panelerhebung
(Homburg/Krohmer, 2009, S. 282)

2.3 Grundlagen der Käuferverhaltensforschung

Nachdem wir uns im vorherigen Kapitel mit den Grundlagen der Marktforschung beschäftigt haben, wird im Folgenden das Käuferverhalten näher betrachtet. Aufgrund theoretischer Modelle und empirischer Analysen des Käuferverhaltens können wichtige Informationen für das Marketing bzw. die Marketingforschung gewonnen werden. Somit stellt auch die Käuferverhaltensforschung eine wichtige Informationsgrundlage dar.

QV
Käuferverhaltensforschung

Die Käuferverhaltensforschung beschäftigt sich mit den Bestimmungsfaktoren des Käuferverhaltens. Hierunter werden Aspekte verstanden, die einen Einfluss auf das Verhalten eines Käufers haben können. Dabei gilt es, die in der folgenden Abbildung dargestellten Fragestellungen zu beachten.

QV

Abb. 9: Fragestellungen zum Käuferverhalten
(in Anlehnung an *Meffert et al., 2012, S. 102*)

2.4 Bestimmungsfaktoren des Käuferverhaltens

Konstrukt

Das Ziel der Konsumentenforschung ist es, das Käuferverhalten in sämtlichen Situationen erklären zu können. Dies bedeutet jedoch, dass dazu eine Vielzahl von **Konstrukten** theoretisch erfasst und empirisch überprüft werden muss. Unter einem Konstrukt versteht man dabei einen theoretischen Sachverhalt innerhalb einer wissenschaftlichen Theorie (in diesem Fall der Käuferverhaltensforschung), der mithilfe von empirischen Untersuchungen hinsichtlich seiner Gültigkeit zu überprüfen ist.

Totalmodell

Ein Modell welches versucht, jedes Kaufverhalten mithilfe einer Vielzahl von Konstrukten zu erklären, wird auch als **Totalmodell** bezeichnet. Jedoch fehlt es diesen Modellen oft an einer umfassenden empirischen Überprüfung. Zudem sind die einzelnen Konstrukte untereinander nicht immer widerspruchsfrei, sodass diese Modelle lediglich als Gliederung, nicht aber als eine geschlossene Theorie des Konsumentenverhaltens dienen können (vgl. *Trommsdorff, 2009, S. 25 f.*).

Bestimmungsfaktoren des Käuferverhaltens

Wie bereits erwähnt, bestehen Totalmodelle aus einer Vielzahl theoretischer Konstrukte, um somit sämtliche **Bestimmungsfaktoren des Käuferverhaltens** erfassen zu können. Die Faktoren werden jedoch zunächst isoliert voneinander betrachtet.

QV

Abbildung 10 zeigt eine vergleichsweise einfache Aufspaltung hinsichtlich **interpersonalen und intrapersonalen Bestimmungsfaktoren** des Käuferverhaltens. Jedoch reicht die Betrachtung eines einzelnen Bestimmungsfaktors nicht aus, um das Käuferverhalten erfassen zu können. Vielmehr muss von wechselseitigen Beziehungen innerhalb des Modells ausgegangen werden (vgl. *Meffert et al., 2012, S. 108 f.*).

Im weiteren Verlauf wollen wir dann auf die einzelnen Faktoren und ihre Bedeutung eingehen, da nur so ein ganzheitliches Verständnis für das Käuferverhalten geschaffen werden kann.

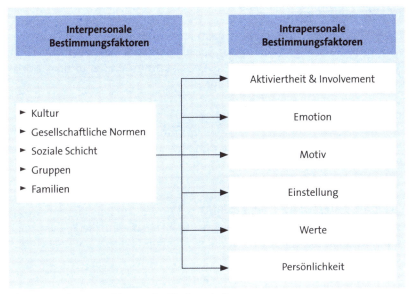

Abb. 10: Bestimmungsfaktoren des Käuferverhaltens
(in Anlehnung an *Trommsdorff, 2009, S. 32*)

Im Rahmen der folgenden Ausführungen führen wir Sie in die Grundlagen des Konsumentenverhaltens und das Verständnis verschiedener Kauf- und Informationsbeschaffungsprozesse ein. Es werden dabei aufgrund ihrer besonderen Relevanz für Kaufprozesse die beiden Konstrukte Involvement und Motivation betrachtet. Die in Theorien zum Konsumentenverhalten häufig auch genutzten Konstrukte Emotion, Einstellung, Wert und Persönlichkeit werden hingegen aus Gründen, die aus den folgenden Ausführungen hervorgehen, vernachlässigt.

Emotionen werden durch innere Erregung hervorgerufen. Jegliches menschliche Verhalten lässt sich auf Motive zurückführen. **Einstellungen** sind auf **Motive** zurückzuführen, die durch die Einbeziehung von Wissen um die Eignung einer Sache zur Motivbefriedigung zu einem konsistenten Verhalten führen. Sehr umfassende und starke Einstellungen/Einstellungskomplexe werden als **Wert(-haltung)** bezeichnet.

Emotionen, Einstellungen, Motive, Werte

Persönlichkeit ist ein charakteristischer, komplexer, aus allen vorgenannten Konstrukten zusammengesetzter Zustand, der aufgrund seiner Komplexität nur in Einzelfällen zur Verhaltenserklärung herangezogen werden kann (vgl. *Trommsdorff, 2009, S. 33 f.; Kroeber-Riel/Weinberg, 2003, 141 ff., S. 168 f.*). Wie dargestellt, können Motive als konkretisierte Emotionen/Bedürfnisse und Triebe angesehen werden, wodurch diese erkennbar und handhabbar werden. Ebenso sind Motive die Grundlage für alle umfassenderen Konstrukte.

Persönlichkeit

2.4.1 Involvement

Involvement

Das im Folgenden zunächst dargestellte Involvement bezieht sich vor allem auf die Tendenz zur Informationserlangung/-verarbeitung einer Person in bestimmten Situationen. Dies ist aufgrund der Informationsfunktion von besonderer Bedeutung.

Involvement und Kaufentscheidungen

Für das Konsumentenverhalten spielt es eine wesentliche Rolle, wie relevant eine Kaufentscheidung für den jeweiligen Konsumenten ist. Das wesentliche Konstrukt der Ausprägung dieser Relevanz und des damit verbundenen Informationsaufwandes ist das Involvement, welches als Basiskonstrukt der Marketingtheorie betrachtet werden kann (vgl. *Felser, 2007; Trommsdorff, 2009; Vergossen, 2004, S. 29*). Aus diesem Grund wird dieses Konstrukt herangezogen, um insbesondere die Relevanz der Informationsfunktion des persönlichen Verkaufsgespräches herauszustellen.

In der einschlägigen Literatur (vgl. *Vergossen, 2004*) wird Involvement vor allem als Grad des persönlichen Interesses an einer Handlung oder einem Objekt betrachtet, das von einer entsprechenden Bereitschaft zum Informationserwerb sowie zur Informationsverarbeitung begleitet wird und damit die

1. **kognitive Beteiligung und Kontrolle** sowie
2. die **innere (emotionale) Aktiviertheit** des Konsumenten bestimmt

(vgl. *Foscht/Swoboda, 2007, S. 122*).

Als Folge des hohen Involvement besteht somit ein hoher Informationsbedarf, da durch die intensive innere Aktiviertheit ein hohes Risikoempfinden hinsichtlich der Handlung gegeben ist, das durch einen höheren subjektiven Informiertheitsgrad gemindert werden soll. Nach *Trommsdorff (2009, S. 49)* ergibt sich folgende Definition des Involvementbegriffs:

„*Involvement ist der Aktivierungsgrad bzw. die Motivstärke zur objektgerichteten Informationssuche, -aufnahme, -verarbeitung und -speicherung*".

Nach *Solomon, Bamossy* und *Askegaard* (vgl. *2001, S. 119*) kann Involvement als die Motivation zur Informationsverarbeitung betrachtet werden. Es entsteht somit eine starke Nähe zum Begriff der Aufmerksamkeit, die auch als, auf die Informationsverarbeitung gerichtete, Aktiviertheit betrachtet werden kann (vgl. *Felser/Kaupp/Pepels, 1999, S. 31*).

Es werden **verschiedene Arten des Involvement** bzw. verschiedene Ursachen unterschieden. Diese können in der Person, dem Produkt, der Situation, dem Werbemittel sowie dem Medium bestehen.

Verschiedene Arten des Involvement

1. **Persönliches Involvement** ergibt sich aus der Interessenlage der Person in Abhängigkeit von persönlichen Prädispositionen, Wünschen und Zielen. Die Ausprägung des persönlichen Involvement ist ein wesentlicher Bestimmungsfaktor für die Summe, die Personen für eine bestimmte Kategorie von Gütern auszugeben bereit sind (vgl. *Solomon/Bamossy/Askegaard, 2001, S. 119*).

2. **Produktbezogenes Involvement** ergibt sich insbesondere aus dem empfundenen Kaufrisiko, das der Kauf dieses Produktes mit sich bringt. Dieses hängt im Wesentlichen damit zusammen, wie hoch der Preis eines Produktes im Verhältnis zum verfügbaren Einkommen ist, welche Bindungsdauer die Entscheidung hat und welche soziale Außenwirkung die Entscheidung nach sich zieht (vgl. *Trommsdorff, 2009, S. 50 ff.*).

3. **Situationsbezogenes Involvement** hängt im Wesentlichen von den situationsbezogenen Einflüssen auf die Entscheidung ab. Einflussfaktoren können hierbei Zeitdruck im negativen Sinne oder auch, im begünstigenden Sinne, die situativ auftretende soziale Bedeutung des Konsums oder Emotionalisierung in der Kaufsituation sein (vgl. *Kroeber-Riel/Weinberg, 2003, S. 371*).

4. **Botschaftsbezogenes Involvement** wird durch die Botschaft, respektive das Werbemittel, erzeugt und beruht insbesondere auf deren Inhalt und Gestaltung.

5. **Medienbezogenes Involvement** entsteht durch eine Prädisposition zu bestimmten Medien, wie auch durch den medieninhärenten Aktivierungsgrad (aktive oder passive Aufnahme) (vgl. zu Involvementkategorien *Felser, 2007, S. 59 ff.; Kroeber-Riel/Weinberg, 2003, S. 370 ff.; Trommsdorff, 2009, S. 49 ff.*).

Beispiel

Als Beispiel kann hier der Kauf von Getränken für Gäste gesehen werden, der hoch involviert erfolgt, wohingegen der Einkauf von Getränken für den eigenen Bedarf für gewöhnlich gering involviert verläuft.

2.4.1.1 Bestimmungsfaktoren des Involvement

Bestimmungsfaktoren des Involvement

Das **individuelle Involvement** hängt empirisch ermittelt vor allem von folgenden Faktoren ab:

- **Nutzenfaktoren**
  - Interesse am Produkt/der Produktkategorie
  - Verstärkung/Spaß/Belohnung durch den Konsum
  - Identifikation/persönliche Ausdrucksmöglichkeit und Nutzen
- **Kostenfaktoren**
  - Risikograd, Wahrscheinlichkeit damit „hereinzufallen"
  - Risikokosten, im Risikofall anfallende Kosten

(vgl. *Schuckel, 1999, S. 123; Solomon/Bamossy/Askegaard, 2001, S. 131*).

Die risikobezogenen Faktoren werden wiederrum durch die in der folgenden Tabelle aufgeführten, der Theorie des wahrgenommenen Risikos entnommenen Kriterien bestimmt (vgl. *Bänsch, 1996, S. 76 f., produktorientiert auch S. 82*).

High Involvement	Kriterium der Entscheidungssituation	Low Involvement
hoch	Komplexität	niedrig
hoch	Neuartigkeit	niedrig
hoch	Dauer der Bindung	kurz
hoch	monetäre Kosten (in Einkommensrelation)	niedrig
hoch	soziale Bedeutung des Gegenstands	gering
groß	subjektiv wahrgenommene Unterschiede zwischen den Wahlmöglichkeiten	gering

Entscheidungssituationen und Involvement

Demzufolge kann für Kaufvorgänge mit entsprechenden Eigenschaften eine Zuordnung des Involvementniveaus erfolgen und damit auch auf den Umfang und die Art der notwendigen Informationen geschlossen werden.

2.4.1.2 Arten von Kaufentscheidungsprozessen

Die Differenzierung von Kaufentscheidungen hinsichtlich des Involvement hat den Vorteil, auch unmittelbar auf sinnvolle marketingpolitische Gestaltungsmöglichkeiten der Informationsvermittlung in qualitativer und quantitativer Weise hinweisen zu können. Dies liegt darin begründet, dass dieses Konstrukt über die Notwendigkeit von Informationen in einer bestimmten Kaufsituation und auch über die Art der relevanten Informationen Auskunft gibt. Darüber hinaus weist *Trommsdorff* darauf hin, dass in vielen Produktbereichen die Konsumenten weitgehend gleichartig involviert sind (vgl. *1998, S. 54*). Es ergibt sich somit die Möglichkeit, auch Güter entsprechend dem regelmäßigen Involvement zu kategorisieren und sie somit Kaufprozessen zuzuordnen.

Kaufentscheidungsprozesse

Grundsätzlich kann zwischen High- und Low-Involvement-Kaufentscheidungen differenziert werden, wobei die unterschiedlichen Verbindungen der dargestellten Involvementkategorien eine Vielzahl unterschiedlicher Zwischenstufen des globalen Involvement entstehen lassen. In folgender Abbildung wird das betrachtete Involvementkonstrukt vor allem global und als Ergebnis der personen- sowie produktbezogenen Kategorien betrachtet. Das situative Involvement wird ebenso nicht separat betrachtet, da es durch die Entscheidungssituation geprägt ist und damit implizit in seiner regelmäßigen Ausprägung entsprechend der Kaufsituation berücksichtigt wird.

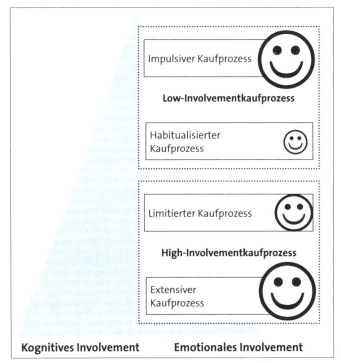

Abb. 11: Kognitives und emotionales Involvement in Kaufprozessen
(in Anlehnung an *Kroeber-Riel/Weinberg, 2003, S. 373*)

High-Involvement-Kaufprozesse

Extensiver Kaufprozess

High-Involvement-Kaufentscheidungen zeichnen sich durch eine erhebliche Bereitschaft aus, Informationen zu suchen, aufzunehmen, zu verarbeiten und zu speichern. Die Entscheidung in einem solchen **extensiven Kaufprozess** hat für den Handelnden eine entsprechend hohe Bedeutung; das Kaufrisiko wird stark empfunden. Der Konsument ist emotional aktiviert und steuert den gesamten Prozess stark kognitiv. Dazu muss ein subjektiv als ausreichend hoch empfundener Grad der Informiertheit entstehen. Gleichzeitig entsteht ein Entscheidungsschema, um die verschiedenen Informationen zu werten und in eine Entscheidung zu überführen. Durch diese umfangreiche Verarbeitung im Organismus führt ein Stimulus nur sehr mittelbar zu einem Response. Somit sind derartige Prozesse kaum reaktiv (vgl. hier und im Folgenden *Kroeber-Riel/Weinberg, 2003, S. 382 ff.*).

Limitierter Kaufprozess

Sofern ein Einordnungsschema gegeben ist, besteht weiterhin ein hohes kognitives Involvement, gleichzeitig jedoch auch eine emotionale Entlastung und ein geringeres Risikoempfinden. Ein solcher Prozess wird als **limitierter Kaufprozess** bezeichnet, er beruht wesentlich auf Erfahrungen und Wissen. Insbesondere ist ein Entscheidungsschema vorhanden, und die mit dem Konsum verfolgten Ziele sind hinreichend klar. Es werden bevorzugt interne Informationen verwendet und die Aufnahme von externen (Such-)Informationen wird weitgehend auf die konkreten Lücken der internen Informationen beschränkt.

Es wird somit nur nach relevanten Informationen gesucht und weitgehend rational entschieden. Charakteristisch ist die grundlegende Beschränkung der heranzuziehenden Alternativen auf eine feststehende Vorauswahl (Evoked Set). Es werden vor allem deshalb nur wenige präzise Informationen benötigt, um aus dieser bereits akzeptierten Vorauswahl die Endauswahl zu treffen (vgl. *Kroeber-Riel/Weinberg, 2003, S. 384 f.*).

Low-Involvement-Kaufprozesse

Habitualisiertes Kaufverhalten

Bei weiterer Reduzierung der kognitiven Kontrolle und der emotionalen Aktiviertheit entstehen Low-Involvement-Kaufprozesse, bei denen kein merkliches Risiko empfunden wird. Diese sind darauf ausgerichtet, bestehende Bedürfnisse unmittelbar zu befriedigen, insbesondere durch **habitualisiertes Kaufverhalten**. Der habitualisierte Kauf erfolgt in immer gleicher Weise unter Einbeziehung von Vereinfachungsmechanismen, vor allem von immer gleichen Produkten oder Marken (vgl. *Bänsch, 1996, S. 9*).

Impulsive oder affektgesteuerte Kaufprozesse

Ebenso können die **impulsiven oder affektgesteuerten Kaufprozesse** in diesem Bereich eingeordnet werden. Diese sind in hohem Maße reaktiv, der Response folgt nahezu ohne kognitive Verarbeitung auf den Stimulus. Man sollte in diesem Sinne jedoch nicht alle ungeplanten Käufe undifferenziert als Impulskäufe ansehen, da dies nicht hinreichend die verschiedenen möglichen Ausprägungen der emotionalen Aktiviertheit widerspiegelt.

So können Kaufprozesse, die habitualisiert oder auch mit höherem Involvement durchgeführt werden, ebenso nicht im Vorhinein geplant sein. Dies ist dann der Fall, wenn erst in der Einkaufssituation der Bedarf erkannt wird. Exemplarisch für einen habitualisierten, nicht geplanten Kauf kann die Situation gelten, wenn der Konsument erst im Supermarkt durch den visuellen Kontakt mit der Ware erkennt, dass er diese nachkaufen muss, weil sein Vorrat zuhause (fast) aufgebraucht ist. Hierbei handelt es sich um einen vollkommen low-involvierten habitualisierten Kauf, bei dem nur der Bedarf spät erkannt wurde. Auch in der Literatur ist der Begriff Impulskauf uneinheitlich definiert, je nachdem ob generell alle ungeplanten Käufe oder nur diejenigen mit starker emotionaler Aktiviertheit hinzugezählt werden. Im Folgenden werden unter Impulskäufen die so genannten „heißen" oder „echten" Impulskäufe definiert, die stark emotional aktiviert sind (vgl. *Kroeber-Riel/ Weinberg, 2003, S. 409 ff.; Trommsdorff, 2009, S. 306 ff.; Foscht/Swoboda, 2007, S. 157 ff.*).

Ein solches Kaufverhalten kann auf einer Entscheidung wie auch auf einem Zwang beruhen. Ein derartiger Zwang kann dem Bereich der psychischen Erkrankungen zugerechnet werden und entsteht häufig durch den Wunsch zur Selbstaufwertung und Vervollkommnung, der darauf beruht, dass eine große Diskrepanz zwischen Selbst- und Idealbild einer Person vorliegt (vgl. *Spiess, 2005, S. 117*).

Außerhalb klinisch-psychologischer Zwänge kann davon ausgegangen werden, dass der Konsument bei impulsiven Kaufhandlungen ein geringes Risikoempfinden hat. In der Regel erscheinen ihm die Produkte indifferent hinsichtlich grundlegender Kriterien. Er ist also bereit, ohne wesentliche Informationsverarbeitung eine Entscheidung zu treffen. Es gibt somit von persönlichen Merkmalen abhängige Situationen, in denen impulsives Kaufverhalten als subjektiv sinnvoll erachtet wird (vgl. *Felser, 2007, S. 78*). Häufig stehen hierbei Aspekte des Einkaufserlebnisses im Vordergrund, die in Ermangelung der psychischen Kosten der Informationssammlung und Verarbeitung als psychologischen Zusatznutzen stiftend empfunden werden können.

Aufgrund dieser entlastenden Wirkung können auch extensive Kaufprozesse in impulsive Kaufprozesse umschlagen, wenn der Konsument durch die Informationsausnahme und -verarbeitung hohe psychische Kosten wahrnimmt und diese gegenüber dem eigentlich als hoch empfundenen Risiko überwiegen. Somit kann in dem Fall, dass der Konsument sich nicht in der Lage sieht, eine befriedigende kognitiv stark gesteuerte Entscheidung zu treffen, die psychische Entlastung durch einen Impulskauf erfolgen (vgl. *Kroeber-Riel/Weinberg, 2003, S. 414*).

2.4.1.3 Konkretisierung der informationalen Relevanz anhand verschiedener Güterkategorien

Im Folgenden werden wir verschiedene Güterkategorisierungen kennen lernen. Ein wesentliches Problem dabei ist, dass der Kunde in einer solchen Darstellung nicht individuell betrachtet wird. So kann beispielsweise die Neuartigkeit einer Kaufsituation sowohl darin begründet sein, dass das Produkt eine Innovation ist als auch darin, dass der Kauf dieser Güterkategorie für den Konsumenten neu ist. Ebenso kann die soziale Bedeutung nicht als allgemeingültig betrachtet werden, da hier bereits die Ausprägung sozialer und selbstbezogener Motive wesentlich einwirkt. Somit kann im Folgenden nur von einer tendenziellen Ausprägung einzelner Faktoren gesprochen werden.

Einteilung von Copeland

Eine populäre **Einteilung von *Copeland*** (*1925*) ordnet die Güter in Convenience, Shopping und Speciality Goods:

- **Convenience Goods** sind hierbei Güter, die häufig und mit geringstem Aufwand beschafft werden, also vor allem Güter des täglichen Bedarfs. Dies entspricht somit habitualisiertem Kaufverhalten.
- **Shopping Goods** werden mittels Vergleichen von Eignung, Qualität, Preis und Stil gekauft. Hierin kann ein limitiertes Kaufverhalten gesehen werden; jedoch ist hier in der Theorie von *Copeland* grundsätzlich keine Präferenzliste vorhanden, die jedoch bei den anderen Güterkategorien vorausgesetzt wird.
- **Specialty Goods** sind Güter mit erheblicher Bedeutung für den Konsumenten; sie werden regelmäßig extensiv erworben (vgl. *Schuckel, 1999, S. 120; Schneider, 2006, S. 31; Bänsch, 1996, S. 82*).

Einordnung nach Nelson und Darby/Carny

Eine andere Möglichkeit der **Einordnung nach *Nelson* und *Darby/Carny*** bezieht sich auf die Möglichkeit der Qualitätsbeurteilung der Ware durch den Kunden. Hierbei werden Suchgüter, Erfahrungsgüter und Vertrauensgüter unterschieden.

Suchgüter, Erfahrungsgüter und Vertrauensgüter

Bei **Suchgütern** ist es regelmäßig möglich, sich vor dem Kauf von der Qualität zu überzeugen, bei **Erfahrungsgütern** erst durch die Nutzung und bei **Vertrauensgütern** ist eine Qualitätsbeurteilung durch den Konsumenten unmöglich, da die Überprüfung der dazu relevanten Informationen nicht möglich ist.

In diesem Sinne ist z. B. Kleidung weitgehend den Suchgütern zuzuordnen, wobei die Einschätzung der sozialen Wirkung sowie der Haltbarkeit erst durch (eigene oder fremde) Erfahrung möglich ist (vgl. *Schuckel, 1999, S. 183*). Diese Einordnung macht insbesondere Aussagen über das **Risiko**, das mit dem Kauf verbunden ist, und beinhaltet in der Bewertungsmöglichkeit auch die **Neuartigkeit** der Kaufsituation sowie den Technisierungsgrad der betrachteten Güter.

Hinsichtlich der Risiken, die mit dem Kauf einhergehen, sind grundsätzlich das funktionale, finanzielle, soziale und modische Risiko zu beachten (vgl. *ebd., 1999, S. 165*).

Die genannten Risiken erläutern wir im Folgenden am Beispiel des Bekleidungskaufs. Das Beispiel wird in der Folge weitergeführt und dient gleichzeitig als Zusammenfassung.

Das **funktionale Risiko** beinhaltet die Frage, ob der Gegenstand die Funktionen erfüllt, die man von ihm erwartet. Dieses Risiko erscheint im Fall des Bekleidungskaufs verhältnismäßig gering, da Erfahrung mit der Güterkategorie und regelmäßig einfache Funktionen vorliegen. Der Konsument schätzt dahingehend seine eigenen Möglichkeiten zur Qualitätsbeurteilung hoch ein.

Funktionales Risiko

Das **monetäre Risiko** beinhaltet die Frage, ob der Preis angemessen für ein Gut ist und hängt auch von seiner Höhe im Vergleich zum verfügbaren Einkommen ab. Auch dieses Risiko kann aufgrund der regelmäßig guten Preisinformationen und deren einfacher Beschaffung als im mittleren Bereich angesiedelt angesehen werden.

Monetäres Risiko

Die für das empfundene Risiko im Rahmen des Bekleidungskaufs jedoch bedeutend relevanteren Risikokategorien sind eher von der Außenwirkung des Kaufs beeinflusst und steigern auch die **Komplexitä**t der Kaufsituation durch die zusätzlich notwendigen Überlegungen zur Risikominimierung und können den Kauf mit hohem persönlichen Involvement erfüllen.

Das **soziale Risiko** bezieht sich auf die Akzeptanz der Entscheidung durch die jeweiligen Bezugspersonen des Konsumenten; weitgehende Ähnlichkeit dazu hat das **modische Risiko**, welches jedoch im Wesentlichen auch eine größere Referenzgruppe einbezieht und vor allem die saisonalen Trends beinhaltet.

Soziales und modisches Risiko

Derartige Risiken sind erst durch Erfahrungen zu mindern. Da besonders Kleidung jedoch eng mit der Person des Bekleideten assoziiert wird, kann ein Bestreben darin liegen, dieses Risiko durch die Nutzung fremder Erfahrungen zu mindern oder andere risikoarme Strategien zu wählen. Dies kann sich in einer erheblichen Markentreue äußern. Die besonderen Risikokomponenten können somit aufgrund von beispielsweise Markierungen objektiv nahezu **homogene Güter** subjektiv sehr **heterogen** erscheinen lassen. Die verhältnismäßig geringen Kosten sowie die signifikante Trendorientierung bedingen ebenso eine mittlere **Bindungsdauer** der Kaufentscheidung.

Ein Vergleich mit ähnlichen Gütern im No-Name-Bereich kann über die entsprechenden Warenauslagen erfolgen, im Bereich von Markenware auch über das Internet oder Kataloge. Es entstehen jeweils sehr geringe Informationskosten.

Kriterium der Entscheidungssituation	Ausprägungen bei Bekleidungskauf
Komplexität	mittel
Neuartigkeit	gering
Dauer der Bindung	mittel
monetäre Kosten (in Einkommensrelation)	mittel
soziale Bedeutung des Gegenstands	hoch
subjektiv wahrgenommene Unterschiede zwischen den Wahlmöglichkeiten	hoch (starkes persönliches Involvement) niedrig (geringes persönliches Involvment)

Kaufprozessdeterminanten im Bekleidungskauf

Der Käufer hat somit bei eher geringem Risiko erhebliche persönliche Ausdrucksmöglichkeiten. Die Faktoren, die hohes Involvement begünstigen, wie

- Interesse am Produkt/der Produktkategorie (durch Funktion, Körpernähe und Außenwirkung)
- Verstärkung/Spaß/Belohnung durch den Konsum bzw. die Entscheidung (vgl. *Trommsdorff, 2009, S. 51*)
- Identifikation/persönliche Ausdrucksmöglichkeit (erhebliche Assoziation mit der Person) (vgl. soziales/modisches Risiko)

scheinen indes stärker ausgeprägt zu sein.

Limitierte Kaufentscheidung

Unter Einbeziehung der geringen Neuartigkeit und des gegebenen Risikos kann davon ausgegangen werden, dass sich der Verbraucher bewährter Problemlösungsmuster und Entscheidungskriterien bedient. Es entsteht so eine **limitierte Kaufentscheidung**, in welcher der Verbraucher sich im Wesentlichen auch interner Informationen bedient und die Informationsphase somit verkürzt. Auch kann die Bewertungs- und Entscheidungsphase verkürzt werden, da der Konsument insgesamt oder innerhalb seines Evoked Sets (das heißt einer begrenzten Zahl akzeptierter Produktalternativen) keine wesentlichen Unterschiede zwischen den Gütern wahrnimmt (vgl. *Schneider, 2006, S. 29*).

2.4.2 Die motivorientierte Betrachtung des Kundennutzen

Der subjektive **Nutzen des Kunden** aus einem Kaufakt ergibt sich aus dem Umfang der **Befriedigung seiner individuellen Bedürfnisse**, da die Bedürfnisse – verbunden mit einer Zielorientierung – für die Kaufmotive die Grundlage des Konsums darstellen. So entwickelt sich aus einem mit Kaufkraft ausgestatteten **Bedürfnis** der konkretere **Bedarf** und wird durch seine Befriedigung am Markt zur **Nachfrage**.

Kundennutzen

In Anlehnung an polythematische Motivtheorien, vor allem an die hinlänglich bekannte von *Abraham H. Maslow (1954)*, wird offensichtlich, dass die Bedürfnisbefriedigung sich nicht nur unmittelbar aus dem Kernnutzen des Produktes ergibt. Insbesondere ist der Kernnutzen in nahezu allen Bereichen kein hinreichendes Differenzierungskriterium mehr, da zum einen die technische Leistungsdichte sehr hoch ist (vgl. *Killinger* in *Corsten/Schneider, 1999, S. 138*) und zum anderen sich der (private) Konsument in westlichen Industrieländern i. d. R. nicht um die Befriedigung konsumtiv befriedigbarer physischer Bedürfnisse sorgen muss (vgl. *Felser/Kaupp/Pepels, 1999, S. 36*).

Da *Maslow* eine hierarchische Abfolge der Dominanz der einzelnen Bedürfnisse unterstellt, liegt es nahe, dass die Konsumentscheidungen westlicher Konsumenten im Wesentlichen auf die Befriedigung von höheren Bedürfnissen abzielen. Obwohl *Maslows* Darstellung hinsichtlich der absoluten hierarchischen Abfolge bereits längere Zeit umstritten ist (vgl. *Todt, 1977, S. 198*), lässt sich doch ersehen, dass soziale und psychologische Zusatznutzen einen wesentlichen Einfluss auf Konsumentscheidungen haben. Besonders die dargestellten **Bedürfniskategorien** soziale Bindung, Wertschätzung und Selbstverwirklichung sind durch die weitgehend problemlose Erfüllung der physischen Bedürfnisse sowie deren langfristiger Sicherung nunmehr von besonderer Bedeutung, und ihre Befriedigung bietet den Anbietern eine Möglichkeit zur Differenzierung vom Wettbewerb, da somit der Wettbewerb vom Produktkern auf ein Nutzenbündel verlagert wird (vgl. *Bänsch, 1996, S. 21 ff.*).

Bedürfniskategorien

2. Analyse von Märkten und Kundenverhalten

```
                    Selbstverwirklichung
                 (Entfaltung der Persönlichkeit)

                     Prestigebedürfnisse
                   (Anerkennung von anderen)

                      Soziale Bedürfnisse
                       (Zuneigung, Liebe)

                     Sicherheitsbedürfnisse
                   (Erhalt der Erwerbstätigkeit)

                    Physiologische Bedürfnisse
                   (Nahrung, Schlaf, Gesundheit)
```

Abb. 12: Bedürfnispyramide nach *Maslow*
(in Anlehnung an *Maslow, 2008, S. 15 ff.*)

Serviceleistungen können in diesem Sinne die Wirkung eines **Value-added-Service** haben, also den Nutzen des Kunden, der durch den Erwerb erreicht wird, auf verschiedenen Nutzenebenen steigern. So kann der **Grundnutzen** des Konsums z. B. durch eine kompetente Beratung, die ein exakt auf die Kundenbedürfnisse passendes Produkt selektiert, durch die bessere Passung von Anforderung und Leistung gesteigert werden. Gleiches gilt für individuelle Modellierung und Bereitstellung von Serviceleistungen (vgl. *Corsten/Schneider, 1999, S. 135*).

Aber auch **emotionale und soziale Zusatznutzen** können durch begleitende Dienstleistungen entstehen, sodass der Konsument eine persönliche Präferenz für das gesamte Nutzenbündel entwickelt. Beispielsweise die persönliche Beratung und der Kontakt können eine psychologische Nutzenkomponente bilden, wie auch die moderne Interaktionstheorie zeigt (vgl. *Schenk, 2007, S. 134 f.*).

2.4.2.1 Motivtheorien

Motive

Motive sind Bedürfnisse/Emotionen, die einen emotionalen Handlungsantrieb bilden und durch kognitive Elemente Zielorientierung beinhalten. Sie erhalten damit mittelbare oder unmittelbare Handlungsrelevanz, wohingegen der Begriff Bedürfnis nur das Vorhandensein eines Mangels beschreibt (*Trommsdorff, 2009, S. 108; Kroeber-Riel/Weinberg, 2003, S. 142*).

Motive und die dahinterstehenden Bedürfnisse können bewusst oder unbewusst zur Handlungssteuerung beitragen und werden in unterschiedlichen Theorien beschrieben.

Neben den polythematischen Theorien, zu denen auch die oben beschriebene Maslowsche Theorie gehört, sind weiterhin mono- und athematische Theorien bekannt. Unter den **monothematischen Theorien**, die das menschliche Verhalten auf einen grundlegenden Trieb und die daraus resultierenden Motive zurückzuführen suchen, sind vor allem diejenigen von *Freud* und *Adler* verbreitet, welche die Triebe Lustgewinn/Vermeidung von Unlust bzw. das Streben nach Geltung und Macht in den Vordergrund stellen. Demgegenüber sehen die **athematischen Motivtheorien** keine allgemeingültigen, sondern nur situationsbezogene Motive als gültig für die Beschreibung des Verhaltens an (vgl. *Trommsdorff, 2009, S. 108*).

Monothematische und athematische Theorien

2.4.2.2 Kaufentscheidungen als Kosten-/Nutzenabwägungen

Als von ausreichender Allgemeinheit und theoretischer Fundiertheit gekennzeichnetes psychologisches Motiv kann das in der mikroökonomischen Theorie alleingültige Motiv des ökonomisch rationalen, sparsamen Verhaltens betrachtet werden, wobei die Annahme der klaren, auf vollkommener Information beruhenden Präferenzordnung i. d. R. nicht die Realität trifft (vgl. *Trommsdorff, 2009, S. 115 f.*). In diesem Kontext kann man dieses Motiv als grundlegend ansehen, sofern man den Begriff des Nutzens wie auch den Begriff der Kosten, die der Betrachtung in der Haushaltstheorie zu Grunde liegen, in einer realitätsnahen Weise definiert.

Der Nutzen wird in einer solchen Betrachtung aus allen mit dem Konsum einhergehenden Bedürfnisbefriedigungen gebildet.

Beispiel

So behebt ein Markenprodukt wie beispielsweise Coca Cola zwar den grundlegenden Mangel, der sich im Durst äußert, darüber hinaus befriedigt es jedoch für viele Konsumenten beispielsweise auch soziale Zugehörigkeits- und Selbstaufwertungsbedürfnisse.

Der Konsument wird dem Nutzen monetäre Kosten wie auch sonstige Opportunitätskosten, die sich aus der Nichtbefriedigung sonstiger Motive ergeben, gegenüberstellen. Viel entscheidender als die Ausgabe kann somit z. B. der Weg zur Einkaufstätte, der einem Bedürfnis nach Ruhe widerspricht, sein. Im Ergebnis ist der Nettonutzen bzw. in Alternativentscheidungen der höchste Nettonutzen die relevante Größe.

2.4.2.3 Verbreitete Motive

Verbreitete Motive bieten die Möglichkeit, dem Kunden einen höheren Nutzen oder geringere Kosten zu ermöglichen, sofern diese in die Gestaltung der Leistung miteinbezogen werden. Dies entspricht dem kundenorientierten Handeln und damit dem Wesen des Marketing. Die Problematik besteht jedoch in der Identifizierung allgemeingültiger Motive, da – wie die unterschiedlichen Motivtheorien bereits zeigen – Motive teilweise in nur sehr abstrakter Art verhaltenswirksam werden (monothematische Theorien) oder nur situativ entstehen (athematische Theorien). Darüber hinaus sind Motive und ihre Ausprägungen weitgehend personenindividuell und somit unterschiedlich. Um Motive für die Nutzensteigerung nutzbar zu machen, muss somit der Ausweg über Motive mittlerer Reichweite gesucht werden, die verbreitet und auf einem mittleren Niveau abstrakt sind. Die folgenden theoretisch und empirisch belegten Motive gehen auf eine pragmatische Darstellung von *Trommsdorff* zurück (vgl. vertiefend *2009, S. 114 ff.*).

Konsummotive mittlerer Reichweite

Als **Konsummotive mittlerer Reichweite** können die folgenden identifiziert werden:

- **Ökonomiebedürfnis:**
  Dieses Motiv wurde bereits im letzen Punkt erläutert und wird entsprechend als grundlegend betrachtet und daher nicht nochmals dargestellt.

- **Prestige/Status/Anerkennung:**
  Das Motiv ist primär auf die Wertschätzung durch andere gerichtet. Weniger auf die Abhebung von der Gesellschaft als auf die Integration sind Motive der sozialen **Wünschbarkeit/Normenunterwerfung** gerichtet; der Konsument versucht primär durch Integration zu gefallen.

- **Lust/Erregung/Neugier:**
  Diese Motive werden vor allem durch das Einkaufserlebnis, aber auch eine Neuartigkeit von Produkteigenschaften und Situationen befriedigt. Dieses Motiv kann zu zum Teil paradoxen Ergebnissen führen, wenn beim so genannten **Variety Seeking** bewusst immer neue Alternativen gewählt werden.

- **Konsistenz/Dissonanz/Konflikt:**
  Besonders die häufig betonte kognitive Dissonanz, nach der Theorie von *Festinger (1957)*, hat eine greifbare Implikation für das Marketing. Die kognitive Dissonanz tritt besonders nach Kaufhandlungen auf, weil der Konsument durch seine Entscheidung sowohl die negativen Attribute seiner Wahl als auch die positiven Attribute seiner Nichtwahl (und weitere Informationen) betrachtet und so an seiner Entscheidung zweifelt und sie eventuell sogar bereut. Aufgabe des Marketing, insbesondere des After-Sales-Service, ist es deshalb, den Kunden nach dem Kauf Sicherheit zu vermitteln und somit einen dissonanzfreien Zustand zu begünstigen (vgl. *Kroeber-Riel/Weinberg, 2003, S. 543*).

2.5 Prognosephase

Wie bereits im einführenden Kapitel erwähnt, möchten wir innerhalb dieses Lehrbuchs auf eine detaillierte Ausführung der Prognosephase verzichten. Jedoch ist es für das weitere Verständnis unerlässlich, kurz auf diese einzugehen.

QV

Die Informationen, die aus der Marktforschung und der Käuferverhaltensforschung gewonnen werden können, beziehen sich i. d. R. auf den Erhebungszeitpunkt. Jedoch ist es unerlässlich, auch die zukünftigen Entwicklungen der Makro-, Mikro-Umwelt und des Unternehmens mit in die Analyse einzubeziehen, um somit letztlich Zukunftschancen und -risiken frühzeitig für das Unternehmen zu erkennen.

Die wissenschaftliche Literatur bietet eine Vielzahl von Möglichkeiten an, die zukünftigen Entwicklungen zu prognostizieren. Generell kann hierbei zwischen quantitativen und qualitativen Prognoseverfahren unterschieden werden. Während bei quantitativen Verfahren Prognosedaten mithilfe von mathematisch-statistischen Methoden gewonnen werden, beruhen qualitative Verfahren i. d. R. vor allem auf intuitiv-subjektiven Analysen von Experten. Die qualitativen Verfahren werden auch oft unter dem Begriff der Szenariotechnik zusammengefasst. Die folgende Übersicht gibt ein paar Beispiele für beide Arten von Prognoseverfahren, die jedoch im Weiteren nicht näher erläutern werden sollen.

Prognoseverfahren

Quantitative Prognoseverfahren	**Zeitreihenanalysen** (univariable Methoden): ▸ Trendextrapolation ▸ Methode der gleitenden Durchschnitte **Kausale Methoden** (multivariable Methoden): ▸ einfache und multiple Regression ▸ Input-/Outputanlayse
Qualitative Prognoseverfahren	▸ Brainstorming ▸ Delphi-Technik ▸ historische Analogie ▸ Umfragen

Arten von Prognoseverfahren
(Becker, 2013, S. 402 ff.)

2.6 Situationsanalyse

In den vorherigen Unterkapiteln haben wir uns mit der Beschaffung und Auswertung marketingrelevanter Informationen auf den Ebenen der Makro-, Mikroumwelt und des Unternehmens sowie mit der Prognosephase beschäftigt. Sie stellen innerhalb dieses Kapitels die Ausgangsbasis für eine umfassende **Situationsanalyse** dar. Demnach werden wir innerhalb des folgenden Teils zunächst die **Chancen und Risiken** eines Unternehmens analysieren, ehe wir dann die **Stärken und Schwächen** innerhalb des Unternehmens beleuchten. Die in Kapitel 2.6.3 vorgestellte **SWOT-Analyse** (Strenghts-Weaknesses-Opportunities-Threats) bietet die Möglichkeit, die unternehmensexternen Chancen-Risiken und internen Stärken-Schwächen miteinander zu verknüpfen. Die Erkenntnisse der SWOT-Analyse stellen letztlich eine wichtige Grundlage zur Entwicklung von Marketingzielen und -strategien dar, die anschließend in Kapitel 3. dieses Lehrbuchs fokussiert werden.

2.6.1 Chancen-und-Risiken-Analyse

Innerhalb der Chancen-und-Risiken-Analyse geht es darum, die unternehmensexternen Einflüsse zu analysieren, um daraus Entwicklungstendenzen zu identifizieren, die für die strategische Zielsetzung und Entwicklung von Strategien von großer Bedeutung sind.

Hierbei versteht man unter **Marktchancen** z. B. Wachstumsmöglichkeiten, die sich durch ungenutzte Verbraucherpotenziale bzw. durch neue oder veränderte Verbraucherbedürfnisse ergeben. Auch neue Vertriebsmöglichkeiten oder die Entwicklung von Informations- und Kommunikationssystemen können als Marktchancen interpretiert werden. **Risiken** wiederum ergeben sich vor allem durch Bedrohungen am Markt. So kann es zur Stagnation oder Schrumpfung des Marktes kommen, was z. B. auf neue Wettbewerber, Substitutionsprodukte oder rechtliche Entwicklungen zurückgeführt werden kann.

Generell zeigt sich, dass die Chancen und Risiken eines Unternehmens sich aus den Informationsgrundlagen aus dem Makro- und Mikroumfeld ergeben (vgl. hierzu Kapitel 2.1).

Beispiel

Die folgende Tabelle soll Ihnen Chancen und Risiken am Beispiel des Kleinwagenmarktes aufzeigen:

Chancen	Risiken
Trend zum Zweit- bzw. Drittwagen in gut entwickelten Ländern	beschränkte Mobilität durch hohes Verkehrsaufkommen
grundsätzlich positive Einstellung zum Pkw-Verkehr	zunehmende Kosten des Pkw-Verkehrs, z. B. durch Benzin und Steuern

Branchenstrukturanalyse

Um die Chancen und Risiken zu erfassen, bedarf es einer Analyse des Unternehmensumfelds. Die Branchenstrukturanalyse nach dem „Fünf-Kräfte-Modell (**Five Forces**)" von *Michael E. Porter* stellt in diesem Zusammenhang ein geeignetes Analyseinstrument dar. Hierbei werden fünf entscheidende **Wettbewerbskräfte** beschrieben, die auf eine **Branche** wirken. Unter dem Begriff Branche versteht man dabei eine Gruppe von Unternehmen, deren Produkte nur geringfügig voneinander abweichen. Die einzelnen Wettbewerbskräfte werden dabei getrennt voneinander untersucht, um letztlich eine umfassende Aussage über die Branchensituation tätigen zu können. Die nachfolgende Abbildung zeigt die fünf Wettbewerbskräfte, auf die nun im Folgenden weiter eingegangen werden soll.

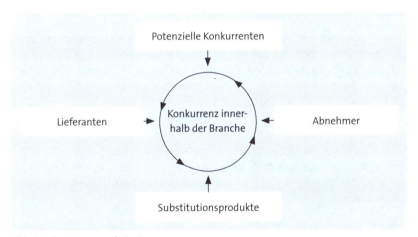

Abb. 13: Five Forces nach *Porter*
(in Anlehnung an *Porter*, 2008, S. 4)

2. Analyse von Märkten und Kundenverhalten

Konkurrenz innerhalb der Branche

Die **Konkurrenz innerhalb der Branche** ist die Wettbewerbskraft, die zunächst am offensichtlichsten erscheint. Ursachen für eine starke Konkurrenz könnte z. B. die hohe Zahl an gleichwertigen Wettbewerbern am Markt sein.

Neue Konkurrenten

Zudem können auch **neue Konkurrenten** auf den Markt drängen, die z. B. mit ihrem Fachwissen oder ihren finanziellen Mitteln den Wettbewerb der Branche grundlegend beeinflussen können. Dies kann mit einem Preisverfall und steigenden Kosten für die bisherigen Wettbewerber verbunden sein, sodass diese versuchen werden, Markteintrittsbarrieren (wie z. B. Betriebsgrößenersparnisse oder Markenbildung) aufzubauen, um den Markteintritt neuer Konkurrenten zu erschweren.

Substitutionsprodukte

Jedoch beeinflusst nicht nur die Konkurrenz innerhalb der Branche die Wettbewerbssituation, sondern auch Produkte und Leistungen anderer Branchen wirken auf diese ein. In diesem Zusammenhang wird auch von **Substitutionsprodukten** gesprochen, die im Vergleich zu den Produkten innerhalb der Branche eine ähnliche Funktion aufweisen und somit in Konkurrenz zueinander stehen. Ein Beispiel für ein Substitutionsprodukt in der Kamerabranche wäre z. B. ein neues Smartphone mit einer hochauflösenden Kamera.

Verhandlungsmacht der Abnehmer

Darüber hinaus kann sich auch die **Verhandlungsmacht der Abnehmer** auf die Wettbewerbssituation innerhalb einer Branche auswirken. Je mehr Einfluss die Abnehmer auf die Branche nehmen können, desto eher sind sie in der Lage, die Preise zu drücken oder eine verbesserte Leistungsqualität zu verlangen. Dies wirkt sich generell negativ auf die Profitabilität der Branche aus.

Verhandlungsmacht der Lieferanten

Ebenso wie bei den Abnehmern nimmt auch die **Verhandlungsmacht der Lieferanten** Einfluss auf die Situation in der Branche. Je stärker die Verhandlungsmacht ist, desto geringer ist auch die Rentabilität innerhalb der Branche. Dies liegt vor allem daran, dass die Lieferanten durch die Preisgestaltung der Einsatzfaktoren (z. B. Rohstoffe) in einem hohen Maße für die Kostenstruktur der Wettbewerber verantwortlich sind.

Durch die Analyse der einzelnen Wettbewerbskräfte können letztlich Aussagen über die gesamte Branche getroffen werden, die dabei helfen können, Marktchancen und -risiken für das eigene Unternehmen zu identifizieren.

2.6.2 Stärken-und-Schwächen-Analyse

Nachdem die externen Einflussgrößen innerhalb der Chancen-und-Risiken-Analyse erfasst wurden, gilt es innerhalb der Stärken-und-Schwächen-Analyse, die unternehmensinternen Einflussgrößen festzustellen. Hierbei erscheint es zunächst sinnvoll, die zur Verfügung stehenden Ressourcen des Unternehmens zu erfassen. Darunter sind u. a. die Qualifikation von Mitarbeitern und Führungskräften, die Marktstellung, die finanzielle Situation oder das Image eines Unternehmens zu verstehen.

Stärken-und-Schwächen-Analyse

Nachdem die Ressourcen identifiziert sind, sollen diese in einem nächsten Schritt **intern** als Stärke oder Schwäche bewertet werden (z. B. auf Basis einer Skala). Vergleicht man nun die Schlüsselanforderungen des Marktes mit den bewerteten Ressourcen, lassen sich Hauptstärken und -schwächen identifizieren, die als Entscheidungsgrundlage zur Entwicklung von Strategien genutzt werden können. In einem letzten Schritt gilt es dann, die unternehmensinternen Hauptstärken und -schwächen mit denen des **größten Wettbewerbers** zu vergleichen, um letztlich Wettbewerbsvorteile erschließen zu können. Jedoch gilt dabei zu beachten, dass gerade die Beschaffung von Informationen zu Wettbewerbern i. d. R. schwierig und kostenintensiv ist.

Die folgende Abbildung zeigt beispielhaft ein solches Stärken-und-Schwächen-Profil:

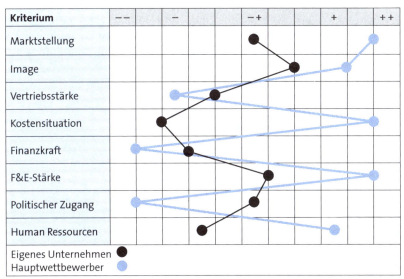

Abb. 14: Stärken-und-Schwächen-Profil
(*Kreutzer, 2010, S. 76*)

Beispiel

Für das Beispiel des Kleinwagenmarktes könnten sich für einen Automobilhersteller, der auf den Kleinwagenmarkt tätig werden möchte, folgende Stärken und Schwächen ergeben:

Stärken	Schwächen
internationale Marktstellung	fehlende Erfahrung im Kleinwagenmarkt
starkes Image beim Kunden bezüglich Qualität und Preis	fehlende Kooperation im Bereich neuer, benzinsparender Antriebstechnologien

2.6.3 SWOT-Analyse

Nachdem wir die unternehmensexterne und -interne Analyse besprochen haben, gilt es nun, diese beiden eigenständigen Analysen mithilfe einer **SWOT-Matrix** zusammenzuführen.

SWOT-Analyse

Die **SWOT-Analyse** kommt ursprünglich aus dem militärischen Bereich und wurde in den 1960er-Jahren von der Harvard Business School für die Anwendung in Unternehmen weiterentwickelt. Das Ziel der SWOT-Analyse ist es vor allem, die Entscheidungs- und Handlungsfelder innerhalb der strategischen Planung einzugrenzen. Zudem können Schlüsselfaktoren erkannt werden, aus denen, mithilfe zusätzlicher Analysemethoden, Ziele und Strategien für das Marketing abgeleitet werden können. Dadurch stellt sie auch ein Analyseinstrument zur Bildung von Normstrategien dar (vgl. hierzu Kapitel 3.2.2).

QV

Beispiel

Die folgende Darstellung zeigt exemplarisch für das Kleinwagen-markt-Beispiel eine mögliche SWOT-Analyse, mit deren Hilfe eine erste Eingrenzung hinsichtlich der strategischen Ausrichtung und Planung erfolgen kann.

	Chancen	Risiken
Stärken	1. weltweit wachsender Automobilmarkt internationaler Marktauftritt des Unternehmens	2. weltweit zunehmende Kosten für Pkw-Verkehr besonders niedrige Fertigungskosten, die sich auch im Anschaffungspreis widerspiegeln
Schwächen	3. besonderes Interesse an Kleinwagen als Zweit- oder Drittwagen fehlendes Knowhow im Kleinwagenmarkt	4. verschärfte Umweltvorschriften keine Kooperation zur Entwicklung neuer Antriebstechnologien

SWOT-Beispiel
(in Anlehnung an *Bruhn, 2009, S. 44*)

Kapitel 3

3. Strategisches Marketing

3.1 Festlegung von Unternehmens- und Marketingzielen

3.1.1 Übergeordnete Unternehmensziele

3.1.2 Handlungsziele

3.1.3 Marketingziele

3.1.3.1 Ökonomische Marketingziele

3.1.3.2 Psychografische Marketingziele

3.2 Entscheidungsfelder des strategischen Marketing

3.2.1 Marktwahlstrategien

3.2.1.1 Bildung und Identifikation von strategischen Geschäftsfeldern

3.2.1.2 Marktsegmentierung

3.2.2 Strategische Entscheidungen

3.2.2.1 Grundlegende Ausrichtung der strategischen Geschäftsfelder

3.2.2.2 Einsatz strategischer Analyseinstrumente

3.2.3 Marktteilnehmerstrategien

3. Strategisches Marketing
3.1 Festlegung von Unternehmens- und Marketingzielen

Nach Abschluss der Situationsanalyse sollte die Ausgangssituation des Unternehmens zur Bestimmung der Marketingziele und -strategien deutlich geworden sein. Im Folgenden wollen wir uns zunächst mit der Festlegung der **Marketingziele** beschäftigen. Dazu ist es allerdings notwendig, auch die übergeordneten Unternehmensziele mit in die Überlegungen einzubeziehen, da die langfristige strategische Ausrichtung nur so erfolgreich sein kann. Auch in diesem Zusammenhang sollte wiederum deutlich werden, dass Marketing als duales Führungskonzept zu verstehen ist und somit sowohl die gesamte strategische Ausrichtung des Unternehmens als auch die des Marketing als Funktionsbereich beeinflusst wird.

3.1.1 Übergeordnete Unternehmensziele

Definition Ziel

Für die Festlegung von Zielen ist zunächst ein allgemeines Verständnis der Begrifflichkeit vonnöten. *Jung* definiert demnach ein Ziel wie folgt:

„Als Ziel wird ein erstrebenswerter Zustand verstanden, der in der Zukunft liegt und dessen Eintritt von Handlungen und Unterlassungen abhängig ist" (2010, S. 29).

Die Definition weist – bezogen auf die betriebswirtschaftliche Sichtweise – daraufhin, dass die Zielerreichung stark vom unternehmerischen Handeln abhängig ist und somit in einem engen Zusammenhang mit der Entwicklung von Strategien steht.

Zielpyramide

QV

Jedoch muss zwischen verschiedenen Arten von Zielen innerhalb eines Unternehmens differenziert werden. Eine in der Literatur weitverbreitete Darstellungsart ist die **Zielpyramide**. Wie in der nachfolgenden Abbildung dargestellt, beinhaltet die Pyramide unterschiedliche **Zielebenen**, bei denen der Konkretisierungsgrad und die Anzahl der Ziele absteigend mit jeder Ebene zunehmen (vgl. im Folgenden *Meffert et al., 2012, S. 243 ff.; Runia et al., 2007, S. 63 f.*).

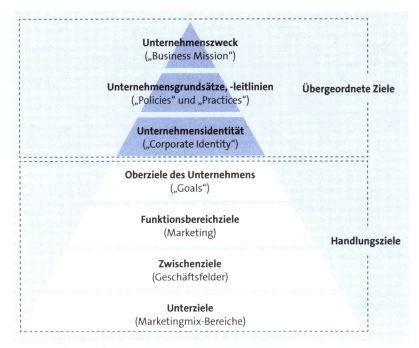

Abb. 15: Zielpyramide
(*Meffert et al., 2012, S. 244*)

Ehe wir uns mit den Handlungs- und demnach auch mit den Marketingzielen beschäftigen, wollen wir zunächst klären, welches die **übergeordneten Ziele** eines Unternehmens sind.

In der Spitze der Pyramide ist zunächst der **Unternehmenszweck** zu erkennen. Hierbei geht es grundlegend darum, zu beschreiben, welche Leistungen das Unternehmen erbringen soll. In früheren Jahren wurde der Unternehmenszweck von vielen Unternehmen nur produktbezogen verstanden (z. B. *„Wir sind Hersteller für Computer"*). Heutzutage allerdings ist eine Markt- bzw. Kundenorientierung zu erkennen, wonach auch hier wieder der Ansatz des Marketing als Führungskonzept zu erkennen ist (z. B. *„Wir wollen mit unseren Produkten die Informationsbedürfnisse unserer Kunden befriedigen"*).

Unternehmenszweck

Der Unternehmenszweck ist zudem in den **Unternehmensleitlinien und -grundsätzen** verankert. Diese beinhalten i. d. R. moralische und ethische Grundsätze sowie Einstellungen zu Umwelt und Nachhaltigkeit.

Corporate Identity

Das dritte übergeordnete Ziel ist der Aufbau und die Einhaltung der **Unternehmensidentität**, auch **Corporate Identity** genannt. Durch die Corporate Identity sollen der gegenwärtige Zustand, die Einstellung und die Tradition des Unternehmens kommuniziert werden. Diese Informationen erreichen sowohl externe (z. B. Kunden) als auch interne (z. B. Mitarbeiter) Adressaten.

Zudem dient die Corporate Identity auch der Imagebildung eines Unternehmens. Hierbei sollte festgehalten werden, dass das Konzept der Corporate Identity davon ausgeht, dass das Unternehmen quasi wie eine Person wahrgenommen wird. Ziel eines Unternehmens ist es daher, eine eigene konsistente Identität mit einer in sich stimmigen Strategie bezüglich des Handelns, Auftretens und der Kommunikation zu entwickeln und zu vermitteln (vgl. *Bruhn, 2009a, S. 85*). Daher kann zwischen **drei Komponenten** unterschieden werden, die gemeinsam die Corporate Identity bilden (vgl. *Kroehl, 2000, S. 42 ff.*):

QV

Corporate Behaviour (Verhalten)	Corporate Behaviour beschreibt das Verhalten des Unternehmens gegenüber seinen Anspruchsgruppen. Hierbei gilt es, ein nachvollziehbares Verhalten zu verfolgen, welches konzeptionell ausgearbeitet sein sollte.
Corporate Design (optisches Auftreten)	Das Corporate Design umfasst den optischen Auftritt eines Unternehmens. Auch hier gilt es einen konzeptionellen Ansatz zu verfolgen, um ein einheitliches Auftreten in Bezug auf Unternehmens- und Markenzeichen zu gewährleisten, um letztlich das Image des Unternehmens bzw. der Produkte zu beeinflussen.
Corporate Communication	Corporate Communication umfasst sämtliche Kommunikationsformen des Unternehmens (vgl. hierzu auch Kapitel 4.5). Ebenso wie beim Corporate Behaviour und Corporate Design gilt es auch hier ein einheitliches, konzeptionelles Auftreten zu gewährleisten.

Sowohl Unternehmenszweck als auch die Corporate Identity finden sich in den Unternehmensgrundsätzen wieder.

Beispiele

Auszüge von Grundsätzen bekannter Unternehmen:

Bayer: Science For A Better Life
Bayer ist ein weltweit tätiges Unternehmen mit Kernkompetenzen auf den Gebieten Gesundheit, Ernährung und hochwertige Materialien.

Als Erfinder-Unternehmen setzen wir Zeichen in forschungsintensiven Bereichen. Mit unseren Produkten und Dienstleistungen möchten wir den Menschen nützen und zur Verbesserung der Lebensqualität beitragen. Gleichzeitig wollen wir Werte schaffen durch Innovation, Wachstum und hohe Ertragskraft.

Wir bekennen uns zu den Prinzipien der Nachhaltigkeit und handeln als „Corporate Citizen" sozial und ethisch verantwortlich (www.bayer.de).

The IKEA Way
Ikea bietet ein breites Sortiment formschöner und funktionsgerechter Einrichtungsgegenstände zu Preisen an, die so günstig sind, dass möglichst viele Menschen sie sich leisten können. Diese Idee ist die Grundlage für alles, was IKEA unternimmt – von der Produktentwicklung und dem Einkauf von Produkten bis zu der Art und Weise, wie wir unsere Produkte weltweit in unseren IKEA Einrichtungshäusern verkaufen.

Jeder kann Produkte von guter Qualität zu einem hohen Preis herstellen oder ein minderwertiges Produkt zu einem niedrigen Preis. Um aber Produkte von guter Qualität zu niedrigen Preisen herzustellen, muss man sowohl kostengünstige als auch innovative Methoden entwickeln. Dies war immer der Schwerpunkt seit seinen Anfängen in der schwedischen Region Småland. Unsere Kunden finden bei IKEA Produkte nach ihrem Geschmack, weil wir die Rohstoffe optimal nutzen und unsere Produkte entsprechend effizient angepasst haben. Und es entspricht dem sogenannten IKEA Way, diese Kosteneinsparung an unsere Kunden weiterzugeben (www.ikea.de).

Deutsche Bank – Leistung aus Leidenschaft
Die Deutsche Bank ist eine führende globale Investmentbank mit bedeutenden Privatkundengeschäft sowie sich gegenseitig verstärkenden Geschäftsfeldern. Ziel der Bank ist es, der weltweit führende Anbieter von Finanzlösungen zu sein und nachhaltig Wert zu schaffen – für ihre Kunden, ihre Aktionäre, ihre Mitarbeiter und für die Gesellschaft als Ganzes (www.deutschebank.de).

3.1.2 Handlungsziele

QV Handlungsziele

Wie bereits in der Zielpyramide zu erkennen ist (vgl. hierzu Abb. 15), können die **Handlungsziele** sowie die übergeordneten Ziele hierarchisch untergliedert werden. Auf der ersten Ebene finden sich dabei die **Oberziele** wieder. Hierbei gilt es, den Unternehmenszweck unter Berücksichtigung der Unternehmensleitlinien und der Corporate Identity in **konkrete Unternehmensziele** umzusetzen (vgl. *Meffert et al., 2012, S. 246*). Nach der Formulierung der Unternehmensziele ist es dann Aufgabe des Unternehmens, Ziele für die einzelnen Funktionsbereiche (Funktionsbereichsziele z. B. für das Marketing), **Zwischenziele** (z. B. für die einzelnen Marktsegmente) und Unterziele (z. B. für den Marketingmix) zu formulieren. Innerhalb dieser Hierarchie lässt sich eine **Mittel-Zweck-Beziehung** erkennen, die sich dadurch auszeichnet, dass ein untergeordnetes Ziel festgelegt wurde, um ein übergeordnetes Ziel zu erreichen (vgl. *Becker, 2013, S. 21*). Im Folgenden werden wir uns zunächst mit den Oberzielen des Unternehmens beschäftigen, bevor wir uns mit konkreten **Marketingzielen** auseinandersetzen, die auf den darauf folgenden Zielebenen formuliert werden können.

Die Oberziele eines Unternehmens können dabei zunächst wie folgt definiert werden:

„Unternehmensziele ('Wunschorte') stellen ganz allgemein Orientierungs- bzw. Richtgrößen für unternehmerisches Handeln dar ('Wo wollen wir hin?'). Sie sind konkrete Aussagen über angestrebte Zustände bzw. Ergebnisse, die aufgrund unternehmerischer Maßnahmen erreicht werden sollen" (*Becker, 2013, S. 14*).

Auch in dieser konkret unternehmensorientierten Definition lässt sich erneut der unmittelbare Zusammenhang zwischen der Festlegung von Zielen, der Formulierung von Strategien und der Ausführung dieser erkennen, den wir bereits bei der allgemeinen Zieldefinition erkennen konnten.

Anforderungen an Ziele

Zielformulierung

Generell gilt es bei der Zielformulierung darauf zu achten, dass die Unternehmensziele **widerspruchsfrei** formuliert (z. B. keine Widersprüche zu den Unternehmensgrundsätzen), **durchführbar** (z. B. genug finanzielle Ressourcen vorhanden) und **realistisch** (z. B. nicht Umsatzerhöhung von 50 % bei rückläufiger Marktentwicklung) sind.

Zudem gilt es, Ziele genauer zu spezifizieren, um eine **Operationalisierung der Ziele** und somit das Ableiten von Strategien zu ermöglichen. Diese Operationalisierung erfolgt grundsätzlich nach den folgenden drei Dimensionen:

Operationalisierung der Ziele

- **Zielinhalt:** Was soll erreicht werden?
- **Zielausmaß:** In welchem Umfang soll das Ziel erreicht werden?
- **Zielperiode:** Bis zu welchem Zeitpunkt soll das Ziel erreicht werden?

Beispiel

Ein Unternehmen möchte den Gewinn (Zielinhalt) um 25 % (Zielausmaß) innerhalb der nächsten zwei Jahre (Zielperiode) erhöhen.

Bereits die beispielhaften Inhalte der Unternehmensgrundsätze (vgl. Beispiele auf Seite 71) haben gezeigt, dass Unternehmen nicht nur ein, sondern eine Vielzahl von Zielen gleichzeitig verfolgen. Eine empirische Studie zur Zielforschung von *Meffert* und *Kirchgeorg* weist ebenfalls daraufhin und differenziert innerhalb der Studie zwischen verschiedenen Kategorien von Zielen (vgl. *Meffert/Kirchgeorg, 1998, S. 44 ff.*):

QV

- **Marktleistungsziele:** z. B. die Qualität eines Produktes und die Serviceleistung des Unternehmens
- **Marktstellungsziele:** z. B. Umsatzziele auf bereits erschlossenen Märkten und die Erschließung neuer Märkte
- **Rentabilitätsziele:** z. B. Gewinn des Unternehmens sowie Eigen- und Fremdkapitalrentabilität
- **finanzielle Ziele:** z. B. die Kapitalstruktur (Anteile von Eigen- und Fremdkapital) und die Kreditwürdigkeit des Unternehmens
- **soziale Ziele:** z. B. Gewährleistung der sozialen Sicherheit und der Zufriedenheit der Mitarbeiter
- **gesellschaftliche Ziele:** z. B. Unterstützung von gesellschaftlichen Einrichtungen oder Gründung unternehmenseigener Stiftungen
- **Umweltschutzziele:** z. B. Reduzierung von Emissionen durch das Unternehmen und Unterstützung von Umweltschutzprojekten
- **Macht- und Prestigeziele:** z. B. positives Image und Einfluss auf die Politik.

Zielsystem

Aufgrund der Vielzahl der Ziele ergibt sich ein mehr oder weniger strukturiertes **Zielsystem**, aus dem alle Ober- und Unterziele hervorgehen. Ein rein quantitatives Beispiel für ein solches Zielsystem ist das Du-Pont-Zielsystem zur Rentabilitätsorientierung eines Unternehmens:

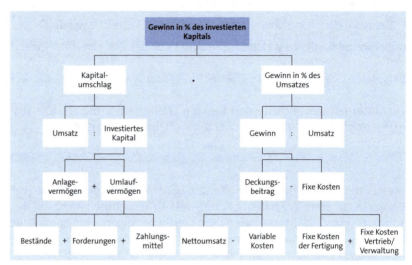

Abb. 16: Du-Pont-Zielsystem
(*Esch et al., 2011, S. 164*)

Die Abbildung zeigt, dass das Oberziel die Rentabilität des eingesetzten Kapitals (Gewinn in Prozent des investierten Kapitals) ist. Die Konkretisierung dieses Oberziels findet in den darunter folgenden Unterzielen statt. Innerhalb des Zielsystems lässt sich zudem die bereits angesprochene Mittel-Zweck-Beziehung wiedererkennen. Jedoch vernachlässigt das Du-Pont-Zielsystem die so genannten **weichen Ziele**, wie z. B. gesellschaftliche, soziale und umweltbezogene Ziele. Diese Ziele lassen sich i. d. R. schwer in Zahlen ausdrücken, sodass sie nicht so leicht zu erfassen sind. Allerdings sollten diese Ziele nicht vernachlässigt werden, denn es gilt, sämtliche Bedürfnisse der unterschiedlichen Interessengruppen eines Unternehmens zu befriedigen (vgl. *Esch et al., 2011, S. 163*).

Dies spiegelt sich auch in empirischen Untersuchungen zur Priorität und Beziehungen von Unternehmenszielen wider. Die folgende Abbildung aus der empirischen Studie von *Meffert* und *Kirchgeorg* zeigt, dass gerade die langfristige und nachhaltige Ausrichtung eine wichtige Rolle bei der Zielsetzung von Unternehmen spielen. Kurzfristige Gewinne oder Marktanteile werden, im Gegensatz zu Mitarbeitermotivation oder Umweltschutz, eine geringere Bedeutung für das Unternehmen beigemessen.

Abb. 17: Prioritäten von Unternehmenszielen
(in Anlehnung an *Meffert/Kirchgeorg, 1998, S. 47*)

3.1.3 Marketingziele

Im vorherigen Abschnitt haben wir uns mit der Formulierung von Zielen auf übergeordneter Unternehmensebene beschäftigt. Um diese Ziele zu erreichen, ist es allerdings unbedingt notwendig, für die einzelnen Funktionsbereiche innerhalb eines Unternehmens Teilziele zu formulieren. Wir wollen uns demnach im Folgenden mit der Formulierung von **Marketingzielen** beschäftigen, da das Marketing innerhalb des dualen Führungsprinzips auch als **Funktionsbereich** gesehen wird. Neben der Formulierung von Marketingzielen auf Funktionsbereichsebenen können zudem weiter untergliederte Teilziele innerhalb der Geschäftsfelder oder des Marketingmix erfolgen (vgl. hierzu Abb. 17).

QV
Marketingziele

QV

Wie schon auf Unternehmensebene gibt es auch auf der Funktionsbereichsebene des Marketing eine Vielzahl von Zielen. Generell kann dabei zwischen **ökonomischen** und **psychografischen** Zielen unterschieden werden (vgl. *Becker, 2013, S. 61 ff.*).

3.1.3.1 Ökonomische Marketingziele

Ökonomische Marketingziele

Die ökonomischen Marketingziele stehen in einem engen Zusammenhang mit den Rentabilitätszielen (wie z. B. Umsatz oder Gewinn) auf Unternehmensebene. Im Weiteren wollen wir detailliert auf folgende drei ökonomische Marketingziele eingehen:

- **Marktanteil**

Marktanteil

Der Marktanteil stellt ein wichtiges Marketingziel dar. Er gibt als Kennzahl Aufschluss darüber, wie die Position eines Unternehmens auf dem Markt ist. Um den Marktanteil aber überhaupt berechnen und somit ein Ziel hinsichtlich der Marktanteilsentwicklung ausgeben zu können, werden zwei weitere Kennzahlen benötigt:

- Dies ist zum einen das **Marktvolumen**, unter dem man die tatsächlich abgesetzte Menge einer bestimmten Marktleistung (z. B. Absatz von Smartphones) aller Anbieter auf einem Markt versteht.

- Zum anderen wird zur Berechnung des Marktanteils auch das **Absatzvolumen** benötigt, welches die abgesetzte Menge einer bestimmten Marktleistung eines Unternehmens darstellt.

Dividiert man nun das Absatzvolumen durch das Marktvolumen erhält man den Marktanteil eines Unternehmens auf dem beobachteten Markt. Hierbei ist zu berücksichtigen, dass je nach Informationsgrundlage der Marktanteil hinsichtlich des Wertes (z. B. Umsatz) als auch der Menge (Absatzmenge der Produkte) erfolgen kann.

$$\text{Marktanteil (\%)} = \frac{\text{Absatzvolumen}}{\text{Marktvolumen}} \cdot 100$$

Neben der Berechnung des Marktanteils eines bestimmten Unternehmens kann zudem der **relative Marktanteil** berechnet werden. Dabei wird der Marktanteil des eigenen Unternehmens durch den Marktanteil des größten Konkurrenten dividiert. Durch die Berechnung des relativen Marktanteils kann letztlich die Position des Unternehmens im Verhältnis zum Konkurrenten am Markt ermittelt werden. Besitzt z. B. das eigene Unternehmen einen Marktanteil von 5 % und der größte Konkurrent hält 10 % der Marktanteile, so ergibt sich ein relativer Marktanteil von 0,5. Dies bedeutet, dass das eigene Unternehmen im Verhältnis zum Konkurrenten nur einen halb so großen Marktanteil besitzt.

$$\text{Relativer Marktanteil} = \frac{\text{Marktanteil des eigenen Unternehmens (\%)}}{\text{Marktanteil des größten Konkurrenten (\%)}}$$

(Der relative Marktanteil kann auch prozentual angegeben werden.)

3. Strategisches Marketing

▸ **Deckungsbeitrag**

(Eine umfassende Beispielaufgabe finden Sie in Kapitel 4.3.1.3):

Ein weiteres ökonomisches Marketingziel ist die Verbesserung des Deckungsbeitrags. Er gilt als wichtige Zielgröße und Schnittstelle von Unternehmens- und Marketingzielen. Generell berechnet sich der **Deckungsbeitrag** wie folgt:

$$DB = U - k_{var}$$

DB = Deckungsbeitrag
U = Umsatz
k_{var} = variable Kosten

Zudem gilt festzuhalten, dass der Deckungsbeitrag auf verschiedene Absatzgebiete oder Produktgruppen bezogen werden und somit auch ein marktspezifischer Erfolgsbeitrag ermittelt werden kann (unter Einbezug der Absatzmenge).

Customer Lifetime Value:

Aufgrund der zunehmenden Kundenorientierung im Marketing bzw. in den Unternehmen stellt seit den 1990er-Jahren auch die Optimierung des **Kundenwerts** ein wichtiges ökonomisches Ziel dar. In diesem Zusammenhang ist auch oft vom **Customer Lifetime Value** die Rede. Dieser spiegelt den Wert eines Kunden wider, welchen er über die gesamte Geschäftsbeziehung für das Unternehmen darstellt. Hierbei werden den **zukünftigen Einzahlungen** (z. B. Umsatz des Kunden durch den Kauf von Produkten) die **zukünftigen Auszahlungen** (z. B. Werbekosten für diesen speziellen Kunden) gegenübergestellt. Da es sich um zukünftige bzw. prognostizierte Ein- und Auszahlungen handelt, müssen diese mithilfe der dynamischen Investitionsrechnung bewertet werden. Hierzu wird ein **Diskontierungsfaktor** herangezogen, der notwendig ist, um die einzelnen Zahlungsüberschüsse vergleichbar zu machen (vgl. Homburg/Krohmer, 2009, S. 1.166). So ist ein Umsatz von 10.000 € in vier Jahren, auf den heutigen Zeitpunkt bezogen, weniger wert, als ein Umsatz von 10.000 € in zwei Jahren. Der Customer Lifetime Value berechnet sich nach einer vereinfachten Formel wie folgt:

$$CLV = \sum_{t=0}^{n} \frac{Einzahlungen_t - Auszahlungen_t}{(1 + i)^t}$$

QV

Deckungsbeitrag

Customer Lifetime Value

Beispiel

Der Mobilfunkhersteller D-Minus möchte einen wichtigen Geschäftskunden anhand des Customer Lifetime Value bewerten. Er prognostiziert folgende Einzahlungen und Auszahlungen während der Geschäftsbeziehung (um die Berechnung des Beispiels zu erleichtern, wird hier von einer Geschäftsbeziehung von drei Jahren ausgegangen). Der Diskontierungsfaktor ist i = 0,1. Berechnen Sie den Customer Lifetime Value für den Geschäftskunden, und geben Sie eine Beurteilung ab, ob es sich um eine wirtschaftlich positive Kundenbeziehung handelt.

1. Jahr (t0)	2. Jahr (t1)	3. Jahr (t2)
Umsatz: 0 €	Umsatz: 10.000 €	Umsatz: 18.000 €
Kosten: 12.000 €	Kosten: 3.000 €	Kosten: 1000 €

$$CLV = 0 - 12.000 + \frac{10.000 - 3.000}{1,1} + \frac{18.000 - 1.000}{1,21} = 8.413,22$$

Die Geschäftsbeziehung ist aus wirtschaftlicher Sicht positiv!

Die Zunahme der Customer-Lifetime-Value-Orientierung zeigt wiederum, dass viele Unternehmen nicht nach dem schnellen finanziellen Erfolg streben, sondern darauf ausgerichtet sind, die Kunden zufrieden zu stellen, um somit langfristige Gewinne erzielen zu können. Zudem können durch langfristige Kundenbindungen auch Kosten eingespart werden. So fallen z. B. für eine bestehende Kundenbeziehung keine Akquisekosten mehr an. Erfahrungsgemäß sind die Kosten für die Kundenneugewinnung höher als die Kosten zur Erhaltung einer Kundenbeziehung.

Allerdings ist zu beachten, dass für die Beurteilung einer Kundenbeziehung durch den Customer Lifetime Value eine Vielzahl von Informationen (u. a. auch zukünftige) notwendig sind bzw. prognostiziert werden müssen.

3.1.3.2 Psychografische Marketingziele

Wie bereits in Kapitel 2.3 angedeutet, dienen Marketingmaßnahmen dazu, das Verhalten der Nachfrager bzw. Käufer positiv zu beeinflussen. Demnach ergeben sich neben den ökonomischen auch u. a. folgende **psychografischen Marketingziele:**

- **Erhöhung des Bekanntheitsgrads** (z. B. durch TV-Werbemaßnahmen wird ein Produkt einer breiten Maße von potenziellen Kunden vorgestellt)
- **Verstärkung von Einstellungen** (z. B. durch den Aufbau einer Marke wird vom potenziellen Käufer ein direkter Bezug zu der Produktqualität hergestellt)
- **Erhöhung der Präferenzen** (z. B. präferieren manche Käufer nur aufgrund des Image eines Unternehmens dessen Produkte)
- **Verstärkung der Kaufabsicht.**

Im Gegensatz zu den ökonomischen besteht bei den psychografischen Marketingzielen jedoch ein gravierendes Problem hinsichtlich der **Messbarkeit** dieser Ziele, da sie nicht direkt ersichtlich sind. Eine Möglichkeit die Erreichung der psychografischen Marketingziele trotzdem zu überprüfen ist u. a. die Kundenbefragung (vgl. hierzu Kapitel 2.2.3.1).

Abschließend bleibt festzuhalten, dass ökonomische und psychografische Marketingziele nicht getrennt voneinander gesehen werden sollten. Vielmehr impliziert die Erreichung ökonomischer Ziele oftmals die Erreichung von psychografischen Zielen. Zudem sollte ein Unternehmen auch innerhalb der Marketingziele ein **konsistentes Zielsystem** entwickeln, welches auch in enger Abstimmung mit den übergeordneten Unternehmenszielen stehen sollte.

QV
Psychografische Marketingziele

QV

3.2 Entscheidungsfelder des strategischen Marketing

QV

Nachdem wir in Kapitel 3.1 auf die Formulierung von Unternehmens- und Marketingzielen eingegangen sind, wollen wir uns in den folgenden Kapiteln mit der Entwicklung von **Strategien** befassen, um die vorher festgelegten Ziele erreichen zu können.

Durch die zunehmende Akzeptanz des ganzheitlichen Marketingmanagementansatzes gibt es in der Literatur eine Vielzahl von Ansätzen, die sich mit der Systematisierung und Abgrenzung von Marketingstrategien beschäftigen (vgl. für einen Überblick *Runia et al., 2007, S. 69 ff.*). Es sei darauf verwiesen, dass wir uns im Folgenden zunächst mit der Bildung strategischer Geschäftsfelder und der Marktsegmentierung auseinandersetzen. Diese werden häufig auch als **Marktwahlstrategien** bezeichnet, da es hier darum geht festzulegen, auf welchen Märkten ein Unternehmen aktiv sein möchte (vgl. *Bruhn, 2009, S. 69*). Im Anschluss daran werden wir auf verschiedene **Analyseinstrumente** des strategischen Marketing eingehen, die es ermöglichen, Normstrategien abzuleiten. Zum Abschluss des Kapitels sollen dann die **Marktteilnehmerstrategien** im Fokus stehen, bei denen es darum geht, das Verhalten gegenüber sämtlichen Marktteilnehmern und weiteren Anspruchsgruppen festzulegen (vgl. *Meffert et al., 2012, S. 293*).

Definition Strategie

Um jedoch zunächst einmal den Zusammenhang zwischen Zielen und Strategien besser verstehen zu können, bedienen wir uns einer allgemeinen Definition von *Jung*. Er definiert Strategien im Allgemeinen als

„Entwurf und die Durchführung eines Gesamtkonzeptes, nachdem der Handelnde [...] ein bestimmtes Ziel zu erreichen sucht" (2010, S. 573).

Die Definition von *Jung* zeigt, dass Strategien nicht unabhängig voneinander getroffen werden sollten, sondern dass nur in einem Gesamtkonzept die vorher festgelegten Ziele erreicht werden können.

Strategieebenen

Um das von *Jung* angesprochene Gesamtkonzept aufstellen zu können, bedarf es einer Vielzahl von Entscheidungen. Diese können z. B. auf den folgenden drei **Strategieebenen** stattfinden (vgl. *Backhaus/Schneider, 2009, S. 16; Meffert et al., 2012, S. 261*).

Abb. 18: Strategieebenen

Die **Unternehmensstrategien** umfassen Entscheidungen über das gesamte Unternehmen und ergeben sich vor allem aus den übergeordneten Unternehmenszielen und Oberzielen. Besonders für Unternehmen, die mehrere Produkte anbieten, erscheint es i. d. R. sinnvoll, Strategien für einzelne **Geschäftsfelder (SGF)** zu bestimmen. Hierbei wird das gesamte Tätigkeitsfeld eines Unternehmens in homogene Teilmärkte untergliedert, um so spezifische Strategien für diese ableiten und Wettbewerbsvorteile generieren zu können (vgl. *Becker, 2013, S. 419*). Zudem können auch Strategien für die einzelnen **Funktionsbereiche** (z. B. für das Marketing) festgelegt werden. In diesem Zusammenhang ist auch von **Funktionsbereichsstrategien** die Rede.

Das folgende Beispiel dient noch einmal dazu, zwischen den verschiedenen strategischen Ebenen zu unterscheiden und eine Verbindung zur Zielsetzung erkennen zu können.

Beispiel

Der Modehersteller Zipper verfolgt das Oberziel, die Rentabilität des eingesetzten Kapitals zu maximieren. Um dieses Ziel zu erreichen, wurde beschlossen, die Geschäfte von Deutschland auf Europa auszudehnen, um somit neue Absatzmärkte für die Produkte zu generieren (Unternehmensstrategie). Aufgrund des unterschiedlichen Kleidungsstils in den europäischen Ländern entschloss sich die Geschäftsführung, das Unternehmen in verschiedene Geschäftsfelder (Nordeuropa, Westeuropa, Südeuropa und Osteuropa) aufzuteilen, um innerhalb dieser differenzierte Geschäftsfeldstrategien festlegen zu können. Für das Marketing wurde zudem u. a. festgelegt, dass für die einzelnen Länder differenzierte Werbekampagnen durchgeführt werden (Funktionsbereichsstrategien).

Das Beispiel zeigt u. a., dass die Differenzierung von Strategien auf den drei Ebenen Unternehmen, Geschäftsfeld und Funktionsbereich vor allem bei Unternehmen mit heterogenen Tätigkeitsfeldern durchgesetzt werden (hier heterogene Märkte aufgrund des Kleidungsstils).

3.2.1 Marktwahlstrategien

3.2.1.1 Bildung und Identifikation von strategischen Geschäftsfeldern

Strategische Geschäftsfelder

Wie schon erwähnt, ist es vor allem bei Unternehmen, die in vielen verschiedenen Tätigkeitsfeldern aktiv sind, sinnvoll, ihre Marketingstrategien auf die einzelnen strategischen Geschäftsfelder anzupassen. Gründe hierfür sind vor allem die unterschiedlichen Rahmenbedingungen in den einzelnen Feldern.

Beispiel

Für das Unternehmen Melitta ergeben sich beispielsweise folgende produktorientierte **strategische Geschäftsfelder:**

- Kaffeegenuss (z. B. Kaffee, Kaffeefilter)
- Frische und Geschmack (Lebensmittelfolien wie z. B. Alufolie oder Backpapier)
- Sauberkeit (z. B. Müllbeutel)
- Wohnumwelt (z. B. Luftreiniger)
- Teegenuss (z. B. Teefilter)

(vgl. *Kotler et al., 2007, S. 500*).

Häufig werden strategische Geschäftsfelder in der einschlägigen Literatur auch als **strategische Geschäftseinheiten (SGE)** bezeichnet. Die synonyme Verwendung dieser beiden Begrifflichkeiten ist jedoch nicht richtig. So sind strategische Geschäftsfelder das Ergebnis einer **extern** gerichteten Aufteilung der Tätigkeitsfelder; strategische Geschäftseinheiten sind hingegen das Resultat einer daraus folgenden **internen** Aufteilung (vgl. *Bruhn, 2009, S. 56*). Bei der Bildung von strategischen Geschäftseinheiten geht es demnach darum, zu klären, welche Unternehmenseinheiten in den strategischen Geschäftsfeldern agieren sollen (vgl. *Pepels, 2009, S. 1.404*). Demnach kann eine strategische Geschäftseinheit auch in mehreren Geschäftsfeldern aktiv sein. Im Folgenden wird die Bildung strategischer Geschäftsfelder fokussiert.

Bevor also Marketingstrategien für die einzelnen strategischen Geschäftsfelder festgelegt werden können, müssen diese zunächst identifiziert und festgelegt werden. Hierbei werden die Märkte, auf denen das Unternehmen aktiv ist, in einzelne homogene Teilbereiche aufgeteilt. Beim oben genannten Beispiel des Unternehmens Melitta wurde diese Einteilung **produktbezogen** vorgenommen. Allerdings finden sich in der Literatur einige kritische Anmerkungen zu dieser rein produktbezogenen Abgrenzung von Geschäftsfeldern. So umfasst der Ansatz von *Abell* nicht nur eine Dimension, sondern folgende **drei Dimensionen** (vgl. *Abell, 1980, S. 18 ff.*):

- **Abnehmergruppe** (z. B. Einteilung in Privat-, Firmen- und institutionelle Kunden)
- **Funktionserfüllung bzw. Aufgabe des Produktes** (z. B. Kaffeegenuss, Frische und Geschmack etc.)
- **Technologie** (z. B. Absatzkanäle [Großhandel, Einzelhandel, Internet etc.]).

Gerade im Hinblick auf die zunehmende Internationalisierung und Globalisierung ist das Modell von *Abell* um eine weitere Dimension zu erweitern. Die **räumliche Abgrenzung** bietet die zusätzliche Möglichkeit, die strategischen Geschäftsfelder hinsichtlich Länder oder Regionen abzugrenzen (vgl. *Meffert et al., 2012, S. 269*).

Jedoch bleibt zu beachten, dass mit zunehmender Differenzierung der vier Dimensionen immer mehr Definitionsmöglichkeiten von strategischen Geschäftsfeldern entstehen (vgl. *Becker, 2013, S. 419*). Eine Abgrenzung hinsichtlich aller vier Dimensionen ist in der Praxis daher sehr komplex und schwer umsetzbar. Trotzdem bietet eine möglichst genaue Abgrenzung, gerade auf breiter definierten Märkten (z. B. der Finanzdienstleistungsmarkt), die Möglichkeit, spezifizierte Strategien zu entwickeln. Bei der Abgrenzung strategischer Geschäftsfelder ist es allerdings neben der Festlegung der Identifikationskriterien unerlässlich, folgende Anforderungskriterien im Auge zu behalten:

Anforderungskriterien SGF

- Das SGF muss einem eindeutig definierbaren und dauerhaften Kundenproblem (spezifische Produkt/Markt-Kombination) zu Grunde liegen.
- Die Produkt-Markt-Kombination hebt sich deutlich von anderen Kombinationen ab.
- Für das einzelne SGF müssen eigenständige, von den anderen SGFs unabhängige Strategien gebildet werden können.
- Aus der spezifschen Produkt-Markt-Kombination müssen sich Wettbewerbsvorteile ergeben bzw. aufbauen lassen.

3.2.1.2 Marktsegmentierung

Marktsegmentierung

Ähnlichkeit zur Bildung strategischer Geschäftsfelder hat auch die Bildung von Marktsegmenten. Jedoch besteht ein grundlegender Unterschied der beiden Begrifflichkeiten hinsichtlich ihres Aggregationsniveaus. So erfolgt die Identifikation strategischer Geschäftsfelder anhand einer oder mehrerer ausgewählter Dimensionen. Hierbei werden Märkte nur grob entsprechend ihrer sinnvollen separaten Bearbeitung durch SGFs aufgeteilt. Die **Marktsegmentierung** erfolgt jedoch viel detaillierter (vgl. *Runia et al., 2007, S. 92*).

Jedoch kann es durch die Hinzunahme von zu vielen Dimensionen bei der Identifikation von strategischen Geschäftsfeldern zu Überschneidungen mit der Marktsegmentierung kommen. Häufig wird in der Praxis daher nur von unterschiedlichen Geschäftsfeldern gesprochen, wenn ein Unternehmen auf völlig unterschiedlichen Märkten aktiv ist. *„Unter der Marktsegmentierung verstehen wir die Aufteilung eines heterogenen Gesamtmarktes in homogene Teilmärkte (Segmente) mittels bestimmter Merkmale der tatsächlichen bzw. potenziellen Käufer (Zielgruppe)"* (*Homburg, 2012, S. 136*).

Da die undifferenzierte Bearbeitung des Gesamtmarktes (**undifferenzierte Marktbearbeitung**) und die damit einhergehende geringe Ausrichtung auf die Bedürfnisse einzelner Teilgruppen keine ideale Befriedigung der Kundenbedürfnisse ermöglicht, wird durch die Segmentierung versucht, einzelne Teilmärkte und ihre Bedürfnisstruktur zu identifizieren. Dadurch kann durch die Abstimmung der Marketinginstrumente auf die Bedürfnisse der einzelnen Marktsegmente (**differenzierte Marktbearbeitung**) eine höhere Bedürfnisbefriedigung erreicht und so Wettbewerbsvorteile generiert werden. Besonders kleinere Unternehmen können sich auch auf nur ein oder wenige Marktsegmente beschränken, die sie ausschließlich und einheitlich bearbeiten (**konzentrierte Marktbearbeitung**), wodurch eine hohe spezialisierte Bedürfnisbefriedigung, besonders für Segmente mit sehr spezifischer Bedürfnisstruktur erreicht wird (**Nischenstrategie**).

Hierbei sind jedoch eine Reihe von **Anforderungskriterien an die Marktsegmentierung** zu beachten, um letztlich auf Basis der Marktsegmentierung erfolgreiche Marketingstrategien ableiten zu können (vgl. *Homburg/Krohmer, 2009, S. 463 f.*):

Anforderungskriterien an die Marktsegmentierung

Verhaltensrelevanz	Die Marktsegmente sollten sich hinsichtlich des Kundenverhaltens deutlich voneinander abgrenzen.
Ansprechbarkeit	Die Marketingmaßnahmen sollten die Mitglieder eines Marktsegments erreichen können.
Trennschärfe	Die Segmente sollten in sich homogen, im Vergleich zu anderen Segmenten heterogen sein.
Messbarkeit	Die Segmentierung sollte anhand gut messbarer Kriterien vollzogen werden.
Zeitliche Stabilität	Die Segmentierung sollte für einen längeren Zeitraum gelten.
Wirtschaftlichkeit	Der Aufwand der Erfassung und Bearbeitung der Segmente, sollte wirtschaftlich vertretbar sein (vgl. unten „Oversegmentation").

Nicht zuletzt aufgrund der vermehrten Kundenorientierung vieler Unternehmen und Branchen werden Märkte häufig hinsichtlich der unterschiedlichen **Kundenbedürfnisse** abgegrenzt, um den heterogenen Kundengruppen gerecht zu werden. Die wissenschaftliche Literatur bietet eine Vielzahl von Kriterien, um Märkte in Bezug auf Kundenmerkmale zu segmentieren. Generell sollte dabei beachtet werden, dass die Auswahl der Kriterien in einem engen Zusammenhang mit den davor festgelegten Marketingzielen stehen sollte.

Eine umfangreiche Übersicht von möglichen **Segmentierungskriterien von Kundenmerkmalen** für den Konsumgüterbereich liefern *Kotler, Keller* und *Bliemel*. Sie unterscheiden zwischen den folgenden Kriteriengruppen (vgl. *Kotler et al., 2007, S. 366 ff.*):

Kriterium	Beispiel
Geografisch:	
► Nation	► Deutschland
► Region	► Bundesländer, Postleitzahl, Gebiete
► Ortsgröße	► über 500.000, 201.000 - 500.000 … Einwohner
► Bevölkerungsdichte	► Landkreise, Großstädte …
Demografisch:	
► Alter	► Differenzierung von Markt zu Markt unterschiedlich
► Geschlecht	► männlich, weiblich
► Familiengröße	► Anzahl der Familienmitglieder
► Familienzyklus	► jung, ledig; jung, verheiratet; alt, ledig …
► Einkommen	► Nettoeinkommen des kompletten Haushalts
► Berufsgruppen	► Selbstständige, Angestellte, Beamte …
► Ausbildung	► Schulabschluss
► Konfession	► evangelisch, katholisch, andere, keine
► Nationalität	► deutsch, italienisch, türkisch…
Psychografisch:	
► Lebensstil	► verschwenderisch, konventionell, sparsam …
► Persönlichkeit	► ehrgeizig, fleißig, autoritär …
Verhaltensbezogen:	
► Anlässe	► normaler oder spezieller Anlass
► Nutzennachfrage	► Qualität, Preis-Leistung …
► Verwendungsstatus	► Verwender, potenzieller Verwender, Nichtverwender
► Verwendungsrate	► oft, mittel, selten
► Markentreue	► gleichgültig, wechselhaft, treu
► Einstellung	► positiv, negativ, neutral

Kundenorientierte Segmentierungskriterien
(in Anlehnung an: *Kotler et al., 2007, S. 366 ff.*)

Die obige Darstellung zeigt exemplarisch mögliche Segmentierungskriterien im Konsumgüterbereich auf. Eine erste Segmentierung kann dabei anhand der **geografischen Kriterien** erfolgen. Je nach Markt können bereits hier große Unterschiede zwischen den verschiedenen Käufern beobachtet werden.

QV

Beispiel

So lassen sich z. B. regionale Unterschiede in Deutschland hinsichtlich der Biersorte feststellen. Obwohl nur wenige Kilometer voneinander entfernt, bevorzugen Kölner eher das Kölsch, wohingegen die Düsseldorfer lieber Alt trinken.

Zudem versuchen Handelsketten, wie z. B. Edeka oder Rewe, auch regional typische Produkte spezifisch anzubieten.

Des Weiteren spielen auch die **demografischen Kriterien**, wie z. B. Alter, Einkommen, Geschlecht, eine große Rolle bei der Segmentierung von Konsumgütermärkten.

Beispiel

Ein Beispiel hierfür ist die Beiersdorf AG, die unter dem Markennamen „Nivea" sowohl Pflegeprodukte für Herren als auch für Damen anbietet.

Ein entscheidendes Kriterium im demografischen Zusammenhang spielt auch das Alter.

Beispiel

Eine sehr genaue Segmentierung nimmt hier der Spielzeughersteller LEGO vor, indem er den Markt mit altersgerechten Produkten für Kinder, über „Lego Duplo", „Lego System" bis hin zu „Lego Technik", sehr differenziert bearbeitet.

Eine weitere Möglichkeit der Segmentierung nach demografischen Gesichtspunkten stellt auch das Einkommen dar, so können z. B. Finanzdienstleister einkommensbezogene Angebote gestalten.

Neben den geografischen und demografischen Aspekten können auch psychografische Aspekte zur Segmentierung von Märkten beitragen.

Beispiel

Ein gutes Beispiel ist hierfür der Automobilmarkt, bei dem fast jedes Automodell für einen anderen Lebensstil steht. So stehen z. B. SUVs wie der Porsche Cayenne für einen eher verschwenderischen Lebensstil, während ein Hybridauto von Toyota eher einen sparsamen und umweltbewussten Lebensstil verkörpert.

Sinus-Milieus

Ein Ansatz, der über die Betrachtung des Lebensstils hinausgeht, ist der so genannte **Milieu-Ansatz des SINUS-Instituts**. Auf Basis von Interviews werden Milieus definiert, die sich hinsichtlich ihrer sozialen Lage und der Grundorientierung unterscheiden. Die folgende Abbildung zeigt die Verteilung der Milieus für Deutschland im Jahr 2012:

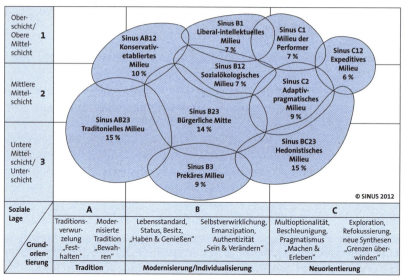

Abb. 19: Das Sinus-Milieumodell 2012: Soziale Lage und Grundorientierung (www.sinus-institut.de)

Hierbei wird im Modell von 2012 die deutsche Bevölkerung in zehn verschiedene Milieus unterteilt (für nähere Ausführungen der einzelnen Milieus vgl. www.sinus-institut.de).

Neben den bisher angesprochenen Kriterienarten kann eine Segmentierung auch **verhaltensbezogen** erfolgen (vgl. *Runia et al., 2007, S. 107 ff.*).

Beispiel

So kann eine Segmentierung einer Airline z. B. so aussehen, dass sie zwischen Urlaubsreisenden und Geschäftsreisenden unterscheidet. Dementsprechend ist es sinnvoll, differenzierte Marketingstrategien für Urlauber als auch Geschäftsleute zu implementieren und somit die Segmente getrennt voneinander zu bearbeiten.

Generell bleibt wie schon bei der Identifikation von strategischen Geschäftsfeldern festzuhalten, dass die Segmentierung von Märkten sehr unternehmensspezifisch zu betrachten ist. Die Literatur bietet eine Vielzahl von Möglichkeiten und Kriterien zur Segmentierung, jedoch sollte jedes Unternehmen, auch in Verbindung mit den vorher festgelegten Marketingzielen, die herangezogenen Kriterien genauestens überdenken. Zudem sollte auch die Anzahl der Kriterien beachtet werden, da es sonst möglicherweise zu einer **Over- bzw. Undersegmentation** kommen kann. In diesen Fällen ist der Markt zu stark bzw. zu schwach aufgespalten worden. Letztlich trägt die Marktsegmentierung in einem entscheidenden Maße dazu bei, ob ein Unternehmen die Bedürfnisse der Kunden spezifisch befriedigen kann und somit Wettbewerbsvorteile erlangt.

3.2.2 Strategische Entscheidungen

Nachdem die strategischen Geschäftsfelder bzw. Marktsegmente identifiziert wurden, geht es in diesem Kapitel darum, **Analyseinstrumente** zur grundlegenden Ausrichtung strategischer Geschäftsfelder (Kapitel 3.2.2.1) und Entwicklung von Marketingstrategien (Kapitel 3.2.2.2) aufzuzeigen. Die vorgestellten Analyseinstrumente beruhen auf grundlegenden Erkenntnissen aus der betriebswirtschaftlichen Forschung und können im übertragenen Sinn als Hilfsmittel zur Bildung von Strategien herangezogen werden. Häufig ist in diesem Zusammenhang auch von **Normstrategien** die Rede.

Analyseinstrumente

QV

3.2.2.1 Grundlegende Ausrichtung der strategischen Geschäftsfelder

QV
Ausrichtung der Geschäftsfelder

Nachdem in Kapitel 3.2.1.1 die Identifikation von strategischen Geschäftsfeldern im Fokus stand, geht es innerhalb des folgenden Kapitels um eine erste strategische **Ausrichtung der Geschäftsfelder**. Hierbei kann zunächst auf die Wettbewerbsforschung des bereits erwähnten Harvard-Professors *Michael E. Porter* und des russischen Mathematikers und Wirtschaftswissenschaftlers *Harry I. Ansoff* zurückgegriffen werden.

Wettbewerbsstrategien nach *Porter*:

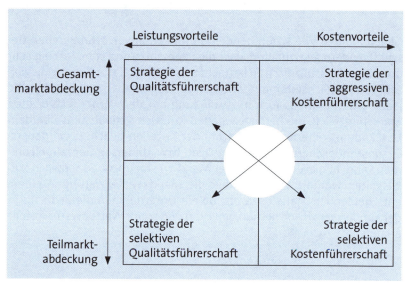

Abb. 20: Wettbewerbsstrategien nach *Porter*
(*Bruhn, 2009, S. 76*)

Grad der Marktabdeckung

Die Abbildung zeigt, dass *Porter* zwischen zwei Dimensionen differenziert, um Wettbewerbsstrategien für das Unternehmen oder in diesem Fall für die strategischen Geschäftsbereiche abzuleiten. Der **Grad der Marktabdeckung** stellt die erste Dimension dar. Hierbei kann generell zwischen zwei Formen der Marktabdeckung unterschieden werden. Eine davon stellt die **Gesamtmarktabdeckung** dar. Hierbei wird versucht, einen kompletten Markt zu bearbeiten. Jedoch ist die Gesamtmarktabdeckung nicht zuletzt aufgrund der Internationalisierung und den steigenden Ansprüchen der Kunden immer mehr in den Hintergrund gerückt. Vielmehr wird heutzutage häufig eine **Teilmarktabdeckung** verfolgt und somit eine Spezialisierung vorgenommen. Dabei sollte beachtet werden, dass der Grad der Spezialisierung nicht zu hoch gewählt wird, da das Unternehmen sich womöglich zu sehr von einer bestimmten Kundengruppe abhängig macht. Insgesamt kann zwischen folgenden **Arten der Spezialisierung** differenziert werden (vgl. *Runia et al., 2007, S. 75*):

- **Zielgruppenspezialisierung**

  Beispiel

  Zum Beispiel konzentriert sich das Unternehmen Melitta nur auf die Ausrichtung auf Privatkunden, bietet diesen aber die gesamte Produktpalette an.

- **Bedürfnis- bzw. Funktionsspezialisierung**

  Beispiel

  Zum Beispiel bietet Melitta nur noch Kaffee und Kaffeefilter an. Andere Produktgruppen, die dem Bedürfnis „Kaffeegenuss" nicht zugeordnet werden können, werden nicht mehr angeboten.

- **Technologiespezialisierung**

  Beispiel

  Zum Beispiel vertreibt Amazon seine Produkte nur über das Internet. Ein Absatz durch den Groß- und Einzelhandel findet dagegen nicht statt.

- **Kombinierte Spezialisierungsansätze:** Hierunter werden Kombinationen der drei bereits vorgestellten Spezialisierungsansätze verstanden.

  Beispiel

  So kann das Unternehmen Melitta sich z. B. dazu entscheiden, sich nur noch auf den Vertrieb von Kaffee und Kaffeefiltern über das Internet zu spezialisieren (Kombination aus Bedürfnis- und Technologiespezialisierung).

Die zweite Dimension, die *Porter* zur Generierung von Wettbewerbsstrategien heranzieht, ist die **Art des Wettbewerbsvorteils**. Nach *Porter* ist es für ein Unternehmen unbedingt notwendig, eine Kernkompetenz zu besitzen. Diese kann entweder die **Qualitätsführerschaft** oder aber auch die **Kostenführerschaft** sein.

Art des Wettbewerbsvorteils

3. Strategisches Marketing

Generische Strategien

Porter benennt daher drei **generische Strategien:**

1. Die **Differenzierung** zielt darauf ab, sich über die Qualität der Leistung gegenüber der Konkurrenz zu profilieren, um am Gesamtmarkt gegenüber der Konkurrenz zu bestehen. Das Unternehmen vermittelt dem Abnehmer eine höhere Problemlösungskompetenz und macht sich daher unabhängiger vom Preiswettbewerb.

2. Die Strategie der **Kostenführerschaft** dagegen versucht, sich über einen besonders niedrigen Preis auf dem Gesamtmarkt zu profilieren. Der niedrige Preis ist vor allem aufgrund niedriger Produktionskosten, wie z. B. durch standardisierte Produktionsverfahren, zurückzuführen.

3. Bei der Strategie der **Konzentration (Fokussierung)** wird eine der beiden anderen Strategien auf einen Teilmarkt angewandt, um nur in diesem Marktsegment die Vorteile insbesondere durch Spezialisierung zu erzielen. Bei der **selektiven Qualitätsführerstrategie** und der **selektiven Kostenführerstrategie** versuchen Unternehmen somit nicht, den gesamten Markt abzudecken, sondern bearbeiten nur ausgewählte Teilmärkte. Dies kann aufgrund eines Leistungsvorteils, z. B. durch ein hohes Maß an Serviceleistungen, aber auch durch besondere Kostenvorteile geschehen.

Stuck in the Middle

Eine klare Ausrichtung ist nach *Porter* unerlässlich, um Erfolg auf einem Markt zu haben. Verfolgt ein Unternehmen nicht stringent eine der Strategien, sondern bleibt dazwischen stecken, ergibt sich eine so genannte **„Stuck in the Middle"**-Situation. Nach *Porters* Forschung generieren derartige Unternehmen eine geringere Kapitalrendite.

Outpacingstrategie

In einigen Märkten ist zu beobachten, dass Kombinationen der Kostenführerschaft mit der Leistungsführerschaft erreicht werden und Unternehmen so eine dominante Position erreichen. Diese Strategie wird als **Outpacingstrategie** bezeichnet und beruht i. d. R. auf wesentlichen Produkt- und Prozessinnovationen (vgl. *Weis, 2012, S. 153*).

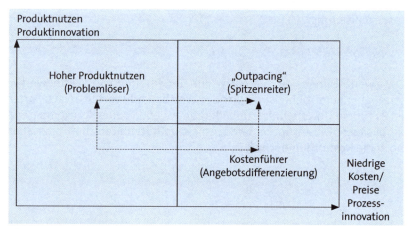

Abb. 21: Outpacingstrategie
(*Weis, 2012, S. 153*)

Porter bespricht die generischen Strategien auch als Reaktion auf die Five Forces, die Sie bereits kennen gelernt haben. Die folgende Tabelle demonstriert, wie die generischen Strategien auf die Marktkräfte Einfluss nehmen.

	Kostenführerschaft	**Differenzierung**
Branchen-interner Wettbewerb	Niedrigere Kosten ermöglichen eine aggressive Preisstrategie, die zu einer höheren Marktabdeckung führt. Weniger effiziente Konkurrenten können der dominanten Kostenposition nicht dauerhaft standhalten.	Differenzierung erzeugt für die konkrete Problemlösung einen quasi monopolistischen Bereich, der den Wettbewerb dämpft, da die angebotenen Lösungen vom Konsumenten als weniger homogen betrachtet werden.
Verhandlungsmacht der Lieferanten	Die günstige Kostenposition schafft mehr Möglichkeiten, mit Erhöhung der Beschaffungskosten umzugehen. Gleichzeitig stärkt die i. d. R. größere Abnahmemenge die Verhandlungsposition.	Die höheren Erträge, die durch die einzigartige Situation möglich sind, erlauben Spielraum bei Erhöhung der Beschaffungskosten.
Verhandlungsmacht der Käufer	Durch die dominante Kosten- und Preissituation kann der Käufer ein preislich überlegenes Angebot finden und ist daher in einer schwachen Position.	Den Kunden fehlen vergleichbare Alternativen, sie sind somit weniger preissensitiv.
Potenzielle Wettbewerber	Erhebliche Kostendegressions- und Lernkurveneffekte und eine schnelle Marktabdeckung bilden eine Markteintrittsbarriere.	Die erzielte Kundenloyalität zwingt Konkurrenten, die wahrgenommene Einzigartigkeit zu überwinden, und schützt so vor Eindringen von Wettbewerbern in den Markt.
Substitutionsprodukte	s. o.: Potenzieller Wettbewerber	Die Loyalität schützt das Unternehmen besser vor Ersatzprodukten als Mitbewerber in der gleichen Branche.

Wettbewerbskräfte und -strategien
(*Porter*, 2003)

Tabellenergänzung zur Fokussierung

Nischenstrategien erzielen entweder eine günstige Kostenposition oder Differenzierung in einem bestimmten Marktsegment. Sie profitieren so von Vorteilen der jeweiligen Strategien in einem Marktsegment, in dem sie i. d. R. eine spezialisiertere und damit höhere Bedürfnisbefriedigung anbieten können als die Konkurrenten, die eine Gesamtmarktbearbeitung durchführen.

Produkt-Markt-Matrix nach *Ansoff*

Ein weiteres theoretisches Grundmodell, welches der strategischen Ausrichtung dient, ist die Produkt-Markt-Matrix von *Ansoff* aus dem Jahr 1960. Es gilt wiederum zu überprüfen, mit welcher Grundausrichtung die Unternehmens- und Marketingziele am besten erreicht werden können. Die Matrix unterscheidet zwischen vier grundlegenden Arten der Entwicklung eines Unternehmens bzw. eines speziellen Geschäftsfeldes:

Märkte / Produkte	Gegenwärtig	Neu
Gegenwärtig	Marktdurchdringung	Marktentwicklung
Neu	Produktentwicklung	Diversifikation

Produkt-Markt-Matrix nach *Ansoff*
(in Anlehnung an *Ansoff*, 1966, S. 132)

Die **Marktdurchdringung** ist eine Strategie, die darauf ausgerichtet ist, bereits entwickelte Produkte auf bestehenden Märkten abzusetzen. Generell geht es vor allem darum, den Marktanteil eines Produktes zu steigern. Dies kann zum einen durch die Erhöhung des Bedarfs von bisherigen Kunden oder durch die Gewinnung von Nachfragern der Konkurrenten geschehen. Zudem besteht die Möglichkeit, auch Neukunden hinzuzugewinnen, die das Produkt bisher nicht verwendet haben.

Bei der **Produktentwicklung** wiederum versucht das Unternehmen, neue Produkte für bereits bestehende Märkte zu entwickeln. Dies können zum einen vollkommen neue Produkte sein (Innovationen), zum anderen aber auch Varianten von bisherigen Produkten (z. B. eine neue Geschmacksrichtung eines Kaffees).

Die dritte mögliche strategische Grundausrichtung stellt die **Marktentwicklung** dar. Hierbei versucht das Unternehmen, ein bestehendes Produkt auf neuen Märkten abzusetzen. Neue Märkte können dabei sowohl geografisch (z. B. soll neben dem europäischen nun auch der asiatische Markt bearbeitet werden) als auch zielgruppenorientiert erschlossen werden.

Die **Diversifikation** ist letztlich eine strategische Ausrichtung, bei der das Unternehmen neue Produkte auf neuen Märkten anbietet. Dabei kann zwischen den folgenden drei Arten der Diversifikation unterschieden werden:

Diversifikation

- **Laterale Diversifikation:** Vollständig neue Produkt- und Marktausrichtung.

  Beispiel

  Mannesmann (Stahlhersteller) tritt auf den Mobilfunkmarkt ein (D2 Mannesmann).

- **Horizontale Diversifikation:** Ein Unternehmen stellt neben den bisherigen Produkten ein weiteres Produkt her, welches in irgendeiner Weise noch Ähnlichkeit zu den anderen Produkten besitzt.

  Beispiel

  Neben Kaffeeprodukten bietet ein Unternehmen jetzt auch Teeprodukte an.

- **Vertikale Diversifikation:** Hierbei entscheidet sich ein Unternehmen für eine Erweiterung der Tiefe eines Produktprogramms entweder in Richtung Absatz (Vorwärtsintegration – z. B. Vertrieb der Produkte auch an Einzelabnehmer und nicht nur an den Großhandel) oder in Richtung Herkunft der Produkte (Rückwärtsintegration – z. B. produziert das Unternehmen nun selbst die Teile, die zur Produktion der bisherigen Produkte notwendig sind).

Teilweise wird die Ansoff-Matrix auch als Z-Matrix bezeichnet: Die Strategien werden von oben links nach unten rechts in einem Z-förmigen Verlauf zunehmend riskanter, da die Erfahrung des Unternehmens mit der Situation abnimmt und damit das Risiko steigt. Weiterhin werden spätere Schritte auch regelmäßig investitionsintensiver. Daher geht man die dargestellten Schritte i. d. R. in einer Z-Reihenfolge ab, wenn also eine Marktdurchdringung nicht mehr möglich ist, dann folgt die Marktentwicklung usw.

3.2.2.2 Einsatz strategischer Analyseinstrumente

Nachdem wir mit den Wettbewerbsstrategien von *Porter* und *Ansoffs* Produkt-Markt-Matrix zwei Möglichkeiten kennen gelernt haben, die bei der Grundausrichtung strategischer Geschäftsfelder herangezogen werden können, geht es im Folgenden darum, konkretere Marketingstrategien zu entwickeln, um Entscheidungen über die Bearbeitung von Märkten treffen zu können. Hierzu gibt es in der wirtschaftswissenschaftlichen Theorie eine Vielzahl von Analyseinstrumenten, aus denen sich **Normstrategien** ableiten lassen. Im Rahmen dieses Kapitels werden mit der **Portfolio-**, der **Positionierungs-** und der **Lebenszyklusanalyse** drei weitverbreitete Instrumente vorgestellt. Bitte beachten Sie jedoch dabei, dass die vorgestellten Analyseinstrumente, wie bereits die Modelle von *Ansoff* und *Porter*, lediglich eine erste Orientierung zur Entwicklung von Strategien liefern können. Gerade im Hinblick auf die Markt- und Kundenorientierung gilt es, Normstrategien individuell und kreativ anzupassen, um letztlich Wettbewerbsvorteile erzielen zu können.

Portfolioanalysen

Portfolioanalyse

Die Portfolioanalyse kommt ursprünglich aus dem Bereich der Finanzanlagen. So soll bei einem Wertpapierportfolio ein möglichst optimales Verhältnis der einzelnen Anlagemöglichkeiten angestrebt werden, um eine Risikostreuung zu erreichen. Ab den 1970er-Jahren wurde das Instrument aber auch im Marketing angewendet.

Durch eine zweidimensionale Darstellung kann die Portfolioanalyse einen Überblick über die Marktsituation von strategischen Geschäftsbereichen, Produkten oder Kundengruppen geben. Die erste Dimension (X-Achse/Abszisse) stellt dabei eine **interne Variable** dar, die vom Unternehmen beeinflusst werden kann. Im Gegensatz dazu kann die **externe Dimension** auf der Ordinate (Y-Achse) vom Unternehmen nicht direkt beeinflusst werden. Für die Erstellung einer Portfolioanalyse bedarf es eines idealtypischen Ablaufs, um letztlich Marketingstrategien ableiten zu können (vgl. *Bruhn, 2009, S. 69 f.*):

- **Analyseobjekte festlegen** (strategische Geschäftsfelder, Produkte, Kundengruppen)
- **Erstellung des Ist-Portfolios** unter Einbezug aller notwendigen Informationen
- **Ableiten einer strategischen Stoßrichtung** durch Normstrategien zur Erzielung eines ausgewogenen Portfolios
- **Erstellung eines Soll-Portfolios**, welches die geplante zukünftige Entwicklung der Analyseobjekte wiedergibt
- **Entwicklung von Marketingstrategien** unter Einbezug von Normstrategien und Soll-Portfolio.

Generell finden sich viele verschiedene Ansätze von Portfolioanalysen in der Literatur. Ein weitverbreiteter Ansatz ist dabei das **Marktanteils-Marktwachstums-Portfolio** der Boston Consulting Group aus dem Jahr 1973:

Marktanteils-Wachstums-Portfolio

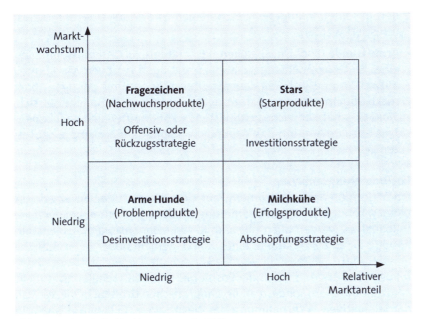

Abb. 22: Marktanteils-Marktwachstum-Portfolio
(Bruhn, 2009, S. 71)

Hierbei stellt der **relative Marktanteil** die Dimension auf der Abszisse dar, während das **Marktwachstum** auf der Ordinate abgetragen ist. Innerhalb dieser Matrix sind nun die Analyseobjekte auf Grundlage der vorhandenen Informationsbasis anzuordnen. Insgesamt kann zwischen den folgenden vier Bereichen unterschieden werden, aus denen sich wiederum Normstrategien ableiten lassen (vgl. *Esch et al., 2011, S. 177 f.*):

▶ **Fragezeichen** (Question Marks) sind strategische Geschäftsfelder, die noch einen geringen relativen Marktanteil aufweisen, sich allerdings auf einem Markt mit starkem Wachstum befinden. Deshalb empfiehlt es sich, entweder in diese Geschäftsfeldern vermehrt zu investieren, um die Stellung am Markt zu verbessern, oder aber aus den Geschäftsfeldern auszusteigen und anderweitig zu investieren.

▶ **Stars** sind die Geschäftsfelder, die in stark wachsenden Märkten einen hohen relativen Marktanteil aufweisen. In diese Geschäftsfelder sollte weiterhin investiert werden, damit die Marktposition gehalten bzw. ausgebaut werden kann (Investitionsstrategie).

- **Milchkühe** (Cash Cows) stellen profitable Geschäfte auf bereits gereiften Märkten dar. Generell geht es hierbei darum, den Gewinn bei Geschäftseinheiten abzuschöpfen, die bereits über einen hohen relativen Marktanteil verfügen (Abschöpfungsstrategie). Große Investitionen sind dabei i. d. R. nicht mehr erforderlich. Die Gewinne wiederum sollten in anderen Geschäftsbereiche (Stars, Question Marks) investiert werden.

- **Arme Hunde** (Poor Dogs) stellen z. B. strategische Geschäftseinheiten eines Unternehmens dar, die einen geringen relativen Marktanteil aufweisen und in bereits ausgereiften Märkten mit geringem oder rückläufigem Marktwachstum agieren. Meistens empfiehlt es sich, diese Geschäftsbereiche genauestens zu überprüfen und gegebenenfalls abzustoßen, um das gebundene Kapital anderweitig einzusetzen.

Positionierungsanalysen

Positionierungsanalyse

Ein weiteres Analyseinstrument, aus dem Normstrategien abgeleitet werden können, ist die Positionierungsanalyse. Wie schon bei der Portfolioanalyse werden auch hier i. d. R. zwei Dimensionen ausgewählt, anhand derer z. B. Produkte eines Marktsegments oder einer Branche in einer Matrix dargestellt werden können. Im Gegensatz zu der Portfolioanalyse orientiert sich die Positionierungsanalyse allerdings nicht an ökonomischen, sondern an **psychografischen Größen**, in diesem Fall der **subjektiven Wahrnehmung des Nachfragers**. Oft wird deshalb in diesem Zusammenhang auch von einem psychologischen Marktmodell gesprochen. Hierzu müssen mittels der Marktforschung Daten über die subjektive Wahrnehmung einzelner Produktmerkmale gewonnen und mithilfe multivariater Analyseverfahren, wie z. B. der Clusteranalyse, ausgewertet werden (vgl. *Bruhn, 2009, S. 67 f.*).

Beispiel

QV

Ein mögliches Beispiel einer Positionierungsanalyse finden Sie in der nachfolgenden Abbildung. Hier wurde im Rahmen einer Studie zum Thema Männermode „Fashion Sportswear" eine solche Analyse verwendet, um die Positionierung von Modemarken anhand der Markenstärke (X-Achse) und der Produktstärke (Y-Achse) zu erfassen. Die Markenstärke spiegelt dabei den Bekanntheitsgrad der Marke wider, während die Produktstärke die Wahrnehmung der Produktqualität angibt.

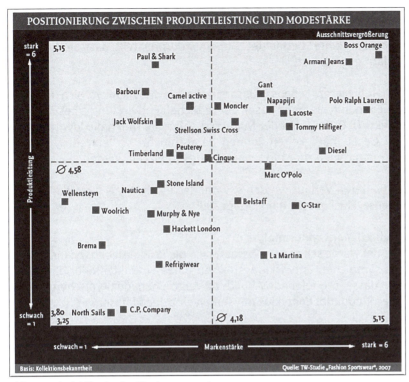

Abb. 23: Beispiel für eine Positionierungsanalyse
(www.textilwirtschaft.de)

Generell bietet eine solche Positionierungsanalyse dem Unternehmen die Möglichkeit, eine Abgrenzung der eigenen Leistung im Gegensatz zu den von anderen Wettbewerbern anhand der vorher festgelegten Produktmerkmale zu vollziehen. Gerade im Hinblick auf die Einführung neuer Produkte und Leistungen stellt die Positionierungsanalyse ein wichtiges Instrument innerhalb des strategischen Marketing dar. Sie ermöglicht zudem, bezogen auf die steigende Konkurrenz in vielen Märkten, ein **Bewusstsein im Unternehmen** für die Ausgestaltung möglicher Wettbewerbsvorteile zu schaffen. Vor allem in reifen Märkten, wie z. B. der Automobilindustrie oder im Versicherungsbereich, stellt sie eine oft verwendete Methode dar.

Ein möglicher Kritikpunkt an der Positionierungsanalyse stellt vor allem die **Auswahl der Produktmerkmale** dar. Hierfür sind möglicherweise vorab Analysen durchzuführen, um die geeigneten Dimensionen festlegen zu können. Darüber hinaus wird auch oft von einer mangelnden Stabilität der Produktmerkmalsausprägung aufgrund der ständig wechselnden Präferenzen der Nachfrager gesprochen. Letztlich bleibt auch zu hinterfragen, ob eine zweidimensionale Sichtweise überhaupt ausreicht oder mehrere Dimensionen mit einzubeziehen sind.

3. Strategisches Marketing

Lebenszyklusanalyse

Lebenszyklusanalysen

Bei der Lebenszyklusanalyse wird das Betrachtungsobjekt „von der Wiege bis zur Bahre" betrachtet. Dabei wird unterstellt, dass ein typischer Verlauf gegeben ist.

Generell bieten Lebenszyklusanalysen die Möglichkeit, sich mit verschiedenen typischen Phasen der zeitlichen Entwicklung eines Analyseobjekts (z. B. Produkt oder Markt) zu befassen. Durch die Identifikation von Gesetzmäßigkeiten können daraufhin für die einzelnen Phasen Normstrategien zur Marktbearbeitung entwickelt werden.

Im weiteren Verlauf werden sowohl das Produkt- als auch das Marktlebenszykluskonzept näher vorgestellt.

Produktlebenszyklusanalyse

Produktlebenszyklusanalyse

Wie der Name schon sagt, befasst sich die Produktlebenszyklusanalyse mit sämtlichen Entwicklungsphasen eines Produktes oder einer Produktklasse. Die folgende Abbildung zeigt einen idealtypischen Verlauf eines Produktlebenszyklus mit seinen einzelnen Phasen:

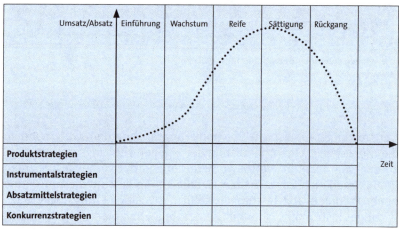

Abb. 24: Produktlebenszyklus
(Bruhn, 2009, S. 64)

Wie in der Abbildung zu erkennen, unterteilt sich der Produktlebenszyklus in **fünf verschiedene Phasen:**

Die **Einführungsphase** ist vor allem durch hohe Kosten gekennzeichnet. Dies lässt sich mit den hohen Investitionen, wie z. B. F & E, Ausgaben für Maschinen, Patente und Werbung, erklären, die vor allem zu Beginn der Produkteinführung auf ein Unternehmen zukommen.

Innerhalb der **Wachstumsphase** sind bereits höhere Absatz- und Umsatzzahlen zu erkennen, die auch auf den höheren Bekanntheitsgrad des Produktes zurückzuführen sind. Dies bedeutet zugleich, dass die Wirkung, der im Vorfeld getätigten Marketingmaßnahmen, bereits eingesetzt hat. Zudem können Unternehmen vielfach in dieser Phase den **Break-even-Point** erreichen und erste Gewinne verzeichnen.

Die **Reifephase** ist vor allem dadurch gekennzeichnet, dass hier bereits sinkende Wachstumsraten zu verzeichnen sind. Die Marktausdehnung allerdings nimmt weiter zu, sodass ein weiteres Umsatz- und Absatzwachstum des Produktes zu verzeichnen ist.

Die **Sättigungsphase** ist dadurch gekennzeichnet, dass die Umsatzkurve hier ihren Wendepunkt hat und somit erste Rückläufe von Absatz und Umsatz zu erkennen sind. Dies ist vor allem darauf zurückzuführen, dass das Marktpotenzial ausgeschöpft ist.

Ein wirklicher Einbruch von Absatz und Umsatz ist innerhalb der **Rückgangsphase** (auch Degenerations- oder Schrumpfungsphase) zu erkennen, das Produkt wird obsolet und verlässt in der gegebenen Form schließlich den Markt.

Auf Grundlage dieser idealtypisch angelegten Phasen lassen sich wiederum **Normstrategien** ableiten, die erste Ansatzpunkte für die strategische Ausgestaltung sein können. Die folgenden Beispiele sollen dies verdeutlichen:

- **Produktstrategie:** Durch die Markteinführung verbesserter Produkte in der Reifephase können neue Potenziale erschlossen werden; dies kann dem Wachstumsrückgang entgegenwirken.
- **Instrumentalstrategie:** Hohe Werbeaufwendungen in der Entstehungsphase führen gleichzeitig zu einer raschen Erhöhung des Bekanntheitsgrads des Produkts.
- **Absatzmittlerstrategien:** Innerhalb der Wachstumsphase erscheint es sinnvoll, zusätzliche Absatzwege zu finden, um dadurch den Absatz bzw. den Umsatz weiter zu steigern.
- **Konkurrenzstrategien:** Um weiterhin Marktanteile gegenüber der Konkurrenz zu gewinnen, können Preissenkungen in der Sättigungsphase vorgenommen werden.

Allerdings ist beim Einbezug der Produktlebenszyklusanalyse zu beachten, dass von einem **idealtypischen Verlauf** ausgegangen wird. Jedoch kann, gerade im Hinblick auf die rasanter werdende Entwicklung von Produkten in verschiedenen Märkten, nicht immer von einem idealtypischen Verlauf ausgegangen werden. Dies muss je nach Produkt spezifisch entschieden werden, da hiervon letztlich auch die Qualität der Strategien abhängt. Es bleibt also festzuhalten, dass diese Analysemethode nur bedingt dazu beiträgt, strategische Entscheidungen zu treffen. Jedoch bietet sie vor allem einen ersten Ansatzpunkt, sich mit der **Altersstruktur der Produktpalette** und den prognostizierten Verlauf zu befassen. Dadurch können entsprechende Marketingmaßnahmen durchgeführt werden, um die Entwicklung im Sinne des Unternehmens zu beeinflussen.

Marktlebenszyklusmodell

Marktlebenszyklus

Im Gegensatz zum Produktlebenszyklus betrachtet man im Marktlebenszyklus nicht nur ein einzelnes Produkt oder eine Produktgruppe, sondern einen gesamten Markt. Dies geschieht dadurch, dass die verschiedenen Produktlebenszyklen miteinander **aggregiert** werden. Mit der Aggregation steigt zudem die Wahrscheinlichkeit, dass der wirkliche Verlauf des Lebenszyklus erfasst wird. Somit bietet er i. d. R. auch eine bessere **Entscheidungsgrundlage** zur Ausgestaltung der Marketingstrategien. Allerdings ist auch der **Aufwand der Datenbeschaffung** um ein Vielfaches höher, wenn dies überhaupt möglich ist.

QV

Der Ablauf des Marktlebenszyklus und seine Phasen sind im Vergleich zum Produktlebenszyklus **kongruent** (vgl. hierzu Abb. 24). Jedoch sind die Phasen nun marktorientiert zu interpretieren.

Die **Entstehungsphase** ist dadurch gekennzeichnet, dass nur wenige Unternehmen auf dem Markt sind. Man spricht in diesem Zusammenhang auch von den Innovatoren.

Innerhalb der **Wachstumsphase** wird die Innovation zunehmend angenommen. Die Nachfrage im Markt steigt, was dazu führt, dass zusätzliche Wettbewerber auf den Markt treten.

In der **Reifephase** treten aufgrund der immer größer werdenden Nachfrage weitere Wettbewerber auf den Markt. Zudem nimmt die Wachstumsrate in dieser Phase langsam ab.

Die **Sättigungsphase** wiederum ist dadurch gekennzeichnet, dass die Produkte der verschiedenen Wettbewerber sich immer weniger unterscheiden und es für das Unternehmen schwieriger wird, Wettbewerbsvorteile gegenüber den Konkurrenten aufzubauen. Vielfach ist in dieser Phase der Preis die einzige Möglichkeit, sich von den Wettbewerbern zu differenzieren. Aufgrund der abnehmenden Nachfrage und der Vielzahl an Konkurrenten ist ein rückläufiger Umsatz bzw. Absatz zu erkennen.

Abschließend bricht in der **Degenerationsphase** die Nachfrage am Markt ein. Nach und nach werden die Unternehmen aus dem Markt austreten oder versuchen, Substitutionsprodukte und neue Innovationen zu entwickeln.

Wie der Produktlebenszyklus kann auch die Analyse des Marktlebenszyklus als Entscheidungsgrundlage für strategische Entscheidungen im Marketing dienen. Dies soll Ihnen durch folgende Beispiele illustriert werden:

- **Produktstrategie:** Durch technologische Innovationen innerhalb des Unternehmens können in der Entstehungsphase technische Maßstäbe für den gesamten Markt und seine Entwicklung gesetzt werden.
- **Instrumentalstrategie:** Durch Einsatz von kommunikationspolitischen Instrumenten können in der Wachstumsphase höhere Marktanteile erzielt werden.
- **Absatzmittlerstrategie:** Zusätzliche Wachstumsmöglichkeiten am Markt können durch neue Absatzwege in der Reifephase erzielt werden.
- **Konkurrenzstrategie:** Durch die Generierung von Wettbewerbsvorteilen gegenüber der Konkurrenz kann innerhalb der Sättigungsphase dem anstehenden Preiskampf entgegengewirkt werden.

3.2.3 Marktteilnehmerstrategien

Marktteilnehmerstrategien

Nachdem Sie nun einen Einblick in die Marktwahlstrategien bekommen und ausgewählte Analyseinstrumente zur Ableitung von Normstrategien kennen gelernt haben, geht es darum, Marktteilnehmerstrategien festzulegen.

Generell geht es im Rahmen der Marktteilnehmerstrategien darum, die **Verhaltensweisen** festzulegen, die es gegenüber den Marktteilnehmern und weiteren Anspruchsgruppen zu befolgen gilt, damit die vorher festgelegten Ziele erreicht werden können. Grundsätzlich lassen sich Marktteilnehmerstrategien hinsichtlich folgender Teilnehmer bzw. Anspruchsgruppen charakterisieren:

- **Abnehmergerichtete Strategien:** Welche Marktbearbeitungsstrategien führen zu Käuferpräferenzen und somit zu Wettbewerbsvorteilen gegenüber der Konkurrenz?
- **Konkurrenzgerichtete Strategien:** Wie muss das Unternehmen sich gegenüber der Konkurrenz verhalten, um die festgelegten Marketingziele zu erreichen?
- **Absatzmittlergerichtete Strategien:** Wie muss das Unternehmen sich gegenüber den Absatzmittlern bzw. den Handelsunternehmen verhalten, um die Marketingziele zu erreichen?
- **Anspruchsgruppengerichtete Strategien:** Wie sollte sich das Unternehmen gegenüber den verschiedenen Anspruchsgruppen (z. B. Mitarbeiter, Politik etc.) verhalten, um die Marketingziele zu erreichen?

Hierin lässt sich wiederum das moderne Marketingverständnis erkennen, welches nicht nur auf absatz- bzw. abnehmergerichtete Strategien abzielt, sondern sämtliche Anspruchsgruppen und Marktteilnehmer mit in die strategische Ausrichtung einbezieht.

QV

Die in Kapitel 3.2.2 vorgestellten Methoden zur Bildung von Normstrategien können, wie bereits erwähnt, als Hilfsmittel zur Bildung von Marktteilnehmerstrategien genutzt werden. Jedoch gilt es zu beachten, dass diese nur Normstrategien zur Verfügung stellen, die gerade in den heutigen schnelllebigen und immer spezifischer werdenden Märkten in jedem Fall zielgerichtet angepasst werden müssen.

Kapitel 4

4. Operative Marketingplanung auf Basis des integrierten Marketingmix

4.1 Grundlagen des Marketingmix

4.2 Produktpolitik

4.2.1 Differenzierung zwischen Produkt und Produktprogramm
- 4.2.1.1 Produktgestaltung
- 4.2.1.2 Programmgestaltung

4.2.2 Produktpolitische Maßnahmen
- 4.2.2.1 Innovationen von Produkten
- 4.2.2.2 Variationen und Differenzierungen von Produkten
- 4.2.2.3 Elimination von Produkten und Produktlinien

4.2.3 Markierungsmöglichkeiten

4.2.4 Verpackungsmöglichkeiten

4.3 Preispolitik

4.3.1 Perspektiven der Preisfestlegung
- 4.3.1.1 Kostenorientierte Preisfestlegung
- 4.3.1.2 Nachfrageorientierte Preisfestlegung
- 4.3.1.3 Konkurrenzorientierte Preisfestlegung

4.3.2 Preispolitische Strategien

4.4 Distributionspolitik

4.4.1 Akquisitorische Distribution
- 4.4.1.1 Direkte Vertriebswege
- 4.4.1.2 Indirekte Vertriebswege
- 4.4.1.3 Mehrkanalvertrieb

4.4.2 Physische Distribution

4.5 Kommunikationspolitik
4.5.1 Grundlagen und Ziele der Kommunikationspolitik
4.5.2 Instrumente der Kommunikationspolitik
- 4.5.2.1 Werbung
- 4.5.2.2 Verkaufsförderung
- 4.5.2.3 Öffentlichkeitsarbeit/Public Relation
- 4.5.2.4 Messen
- 4.5.2.5 Direktmarketing
- 4.5.2.6 Product Placement
- 4.5.2.7 Sponsoring
- 4.5.2.8 Onlinemarketing

4. Operative Marketingplanung auf Basis des integrierten Marketingmix

4.1 Grundlagen des Marketingmix

Nachdem Sie in Kapitel 3. das strategische Marketing kennen gelernt und nun ein grundlegendes Verständnis von Marketingzielen und Marketingstrategien bekommen haben, geht es in diesem Kapitel darum, für die strategischen Überlegungen konkrete Maßnahmen auszugestalten, damit die gesteckten Ziele auf Marketing- und Unternehmensebene erreicht werden können. Wie schon bei den Zielen und Strategien ist es auch in der taktisch-operativen Umsetzung notwendig, dass Maßnahmen nicht getrennt voneinander erfolgen. Um dies zu unterbinden, soll im Folgenden der **Marketingmix** näher erläutert werden. Er umfasst sämtliche Teilaufgaben zur Ausgestaltung taktisch-operativer Maßnahmen im Marketing. Die folgende Definition von *Becker* zeigt, dass der Marketingmix als weiterer Baustein des ganzheitlichen Marketingmanagementansatzes gesehen werden kann:

QV
Marketingmix

„Der Marketingmix kann im Sinne einer vollständigen und konkret zu realisierenden Marketing-Konzeption insgesamt als die zielorientierte, strategieadäquate Kombination der taktisch-operativen Marketinginstrumente („Beförderungsmittel") aufgefasst werden" (Becker, 2013, S. 485).

Die in der Definition von *Becker* angesprochenen Instrumente stellen die Möglichkeiten des Unternehmens dar, gestaltend bzw. instrumentell auf die Märkte Einfluss zu nehmen. Diese Überlegungen machte *Gutenberg* bereits im Jahre 1955, in dem er schon damals zwischen folgenden **absatzpolitischen** (entspricht nicht dem heutigen Marketingverständnis, vgl. Kapitel 1.2) **Instrumenten** differenzierte (vgl. *Gutenberg, 1955, S. 89 ff.*):

QV

- Absatzmethode
- Preispolitik
- Produktgestaltung
- Werbung.

Eine Differenzierung der Marketingmix-Instrumente in der heutigen Fachliteratur ist i. d. R. auf die **Vier Ps** von *McCarthy* aus dem Jahr 1960 zurückzuführen. Die folgende Abbildung zeigt diese Möglichkeit der Differenzierung, die auch im Folgenden verwendet werden soll.

QV

4. Operative Marketingplanung auf Basis des integrierten Marketingmix

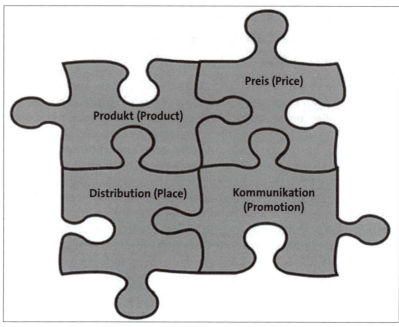

Abb. 25: Marketingmix
(eigene Darstellung)

Demnach setzt sich der Marketingmix aus den Instrumenten zur Gestaltung des Leistungsprogramms (Produkt), der Preis-, Distributions- und Kommunikationspolitik zusammen. Sie sollen in Abstimmung dazu beitragen, dass die zuvor gesteckten Ziele und die daraus abgeleiteten Strategien realisiert werden. Generell lassen sich zu den einzelnen Instrumenten folgende Leitfragen formulieren, die es im weiteren Verlauf zu klären gilt:

Produktpolitik	Was für Leistungen bzw. Produkte sollen in welcher Form am Markt angeboten werden?
Preispolitik	Wie sieht die Preisgestaltung hinsichtlich der Leistungen bzw. Produkte aus, die am Markt angeboten werden sollen?
Distributionspolitik	Welche Vertriebswege sollen genutzt werden, damit die angebotenen Leistungen bzw. Produkte zum Kunden gelangen?
Kommunikationspolitik	Welche Kommunikationsformen sollen eingesetzt werden, damit der Verkauf der Leistungen bzw. Produkte gefördert und die psychografischen Ziele des Unternehmens erreicht werden?

4.2 Produktpolitik

Produktpolitik

Innerhalb der Produktpolitik soll zunächst geklärt werden, was für Leistungen bzw. Produkte am Markt angeboten werden. Hierzu ist allerdings die Begrifflichkeit der Produktpolitik zu eng gefasst, vielmehr geht es auch um die Ausgestaltung von ganzen Produktprogrammen, da Unternehmen meist nicht nur ein einziges Produkt am Markt anbieten. Demnach sollen zunächst die Ebenen des **Produktes** und des **Produktprogramms** voneinander abgegrenzt werden, ehe es im Folgenden darum geht, auf verschiedene **produktpolitische Entscheidungen** einzugehen. Zum Abschluss dieses Kapitels sollen **Gestaltungsmöglichkeiten der Markierung** und der Verpackung aufgezeigt werden.

4.2.1 Differenzierung zwischen Produkt und Produktprogramm

QV

Produkt- und Produktprogramm-gestaltung

Wie schon in Kapitel 4.1 angedeutet, kann innerhalb der Produktpolitik zwischen **Produkt- und Produktprogrammgestaltung** differenziert werden. In der Programmgestaltung kann dabei zwischen einer strategischen und einer operativen Ebene unterschieden werden.

Innerhalb der **strategischen Ebene** geht es darum, das vollständige Angebotsprogramm, das aus Produktlinien und einzelnen Produkten besteht, auszugestalten. Eine **Produktlinie** wird dabei als eine Gruppe von einzelnen Produkten verstanden, die aufgrund bestimmter Aspekte, z. B. der Bedürfnisbefriedigung des Kunden, in einem Zusammenhang stehen.

In der **operativen Ebene** der Programmgestaltung geht es vor allem darum, die auf der strategischen Ebene getroffenen Entscheidungen innerhalb der Produktlinien umzusetzen.

Bei der **Gestaltung einzelner Produkte** geht es letztlich um die Ausführung der getroffenen Programmentscheidungen.

QV

Das folgende Schaubild soll die verschiedenen Ebenen der Produktpolitik aufzeigen. Entscheidend in diesem Zusammenhang ist, dass alle produktpolitischen Entscheidungen auf die Erhöhung des Kundennutzens abgestimmt sind, um so Wettbewerbsvorteile gegenüber den Konkurrenten zu erzielen.

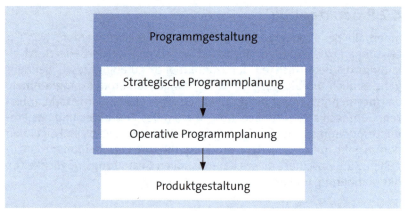

Abb. 26: Strategische und operative Ebene der Produktgestaltung
(in Anlehnung an *Meffert et al., 2012, S. 389*)

4.2.1.1 Produktgestaltung

Produktbegriff

Der Produktbegriff wird in der einschlägigen Marktliteratur oft sehr weit gefasst. So definieren *Kotler, Keller* und *Bliemel* das Produkt wie folgt:

„Ein Produkt ist, was an einem Markt angeboten werden kann, um es zu betrachten und zu beachten, zu erwerben, zu gebrauchen oder zu verbrauchen und somit einen Wunsch oder ein Bedürfnis zu erfüllen" (2007, S. 492).

Demnach umfasst der Produktbegriff nach dieser Definition nicht nur **materielle Güter**, sondern auch **immaterielle Leistungen** (Dienstleistungen), wie z. B. einen Kinobesuch oder eine Finanzberatung. Zudem können auch Personen, wie z. B. Schauspieler, oder Orte, die z. B. für Tourismus stehen, als Produkte aufgefasst werden.

Im Folgenden und besonders innerhalb dieses Kapitels wollen wir Produkte jedoch vor allem in Form von materiellen Konsumgütern und Dienstleistungen verstehen.

Produktnutzen

Wie bereits erwähnt, sollen im Rahmen der Produktpolitik die Produkte so gestaltet werden, dass sie dem Kunden einen möglichst hohen Nutzen bieten. Dabei reicht es aufgrund des verstärkten Wettbewerbs auf vielen Märkten heutzutage nicht mehr aus, lediglich einen **Basisnutzen** anzubieten. Vielmehr müssen bestimmte **Zusatznutzen** angeboten werden, die zu einer **höheren Bedürfnisbefriedigung** des Kunden führen (vgl. Kapitel 2.3).

QV

Beispiel

Ein Beispiel für ein Produkt mit einem Basis- und einem Zusatznutzen sind die Zahnpflegekaugummis, die zum einen den Nutzen eines Kaugummis erfüllen und zum anderen der Zahnpflege dienen sollen.

Eine differenziertere Unterscheidung zur Planung eines Produktes liefern *Kotler*, *Keller* und *Bliemel*, indem sie zwischen **fünf Konzeptionsebenen** unterscheiden:

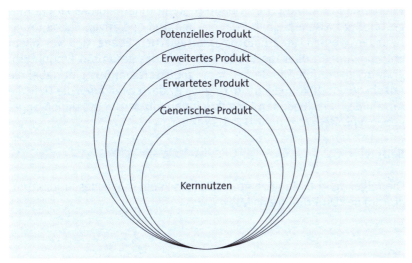

Abb. 27: Konzeptionsebene der Produktplanung
(in Anlehnung an *Kotler et al., 2007, S. 493*)

Im Folgenden sollen die in der Abbildung dargestellten **Konzeptionsebenen** anhand des Beispiels eines Restaurantbesuchs näher betrachtet werden.

Konzeptionsebenen

Der **Kernnutzen** ist in diesem Fall die Aufnahme von Nahrung. Über dem Kernnutzen steht das **generische Produkt**, welches den **Basisnutzen** eines Restaurantbesuches kennzeichnet. Das heißt, neben dem Essen kann der Gast an einem Tisch mit Stühlen Platz nehmen. Das **erwartete Produkt** enthält i. d. R. die Eigenschaften, die ein Restaurantbesucher erwartet, z. B. Sauberkeit und frische Produkte. Beim **erweiterten Produkt** werden die Erwartungen des Restaurantbesuchers meist übertroffen, hierunter kann z. B. ein gemütliches Ambiente oder eine besonders freundliche Bedienung verstanden werden. Die letzte Ebene umfasst **zusätzliche Nutzenaspekte**, die evtl. zukünftig erreicht werden können.

Generell bieten die Konzeptionsebenen von *Kotler*, *Keller* und *Bliemel* lediglich eine grundsätzliche Orientierungsmöglichkeit, da jeder Nachfrager ein individuelles Nutzenempfinden und Anspruchsdenken besitzt.

Jedoch bleibt festzuhalten, dass der Wettbewerb vor allem durch die Ebene des erwarteten Produktes gekennzeichnet ist. Hier werden die Unternehmen auf einem Markt versuchen, zusätzliche Nutzenaspekte zu generieren, um somit Wettbewerbsvorteile gegenüber den Konkurrenten erzielen zu können. Je intensiver der Wettbewerb allerdings auf einem Markt ist, desto schneller werden die zusätzlich geschaffenen Nutzenaspekte von den Kunden erwartet und werden dadurch Bestandteil des erwarteten Produktes.

4.2.1.2 Programmgestaltung

QV
Strategische Ebene

Wie bereits in Kapitel 3.1.1 erläutert, kann innerhalb der Programmgestaltung zwischen einer strategischen und operativen Ebene unterschieden werden. Innerhalb der **strategischen Ebene** sind vor allem Entscheidungen über die **Breite** und **Tiefe** des gesamten Produktprogramms zu treffen. Die Breite eines Produktprogramms gibt dabei die Anzahl der Produktlinien an. Im Gegensatz dazu wird durch die Tiefe die Anzahl der verschiedenen Produkte innerhalb der Produktlinien angegeben (vgl. *Meffert et al., 2012, S. 389*).

Beispiel

Die folgende Abbildung zeigt exemplarisch ein mögliches Produktprogramm des Unternehmens Miele:

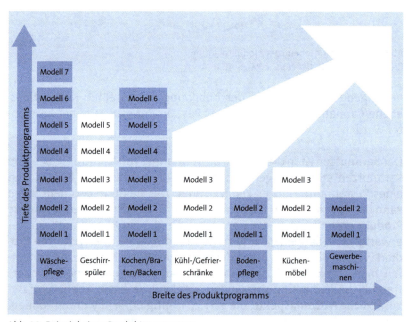

Abb. 28: Beispiel eines Produktprogramms
(*Kreutzer, 2010, S. 195*)

Die Tiefe und Breite des Produktprogramms ist nicht zuletzt mit der **strategischen Grundausrichtung** eines Unternehmens verbunden. Dabei lässt sich das Produktprogamm i. d. R. an einem der folgenden vier Faktoren ausrichten:

Ausrichtung des Produktprogramms

- **Nach der Herkunft:** Das Programm wird aufgrund der Herkunft des Materials (z. B. Holz, Metall) bestimmt.
- **Nach dem Bedarf:** Das Programm wird anhand von Kundenbedürfnissen festgelegt.
- **Nach Preisklassen:** Das Programm wird nach bestimmten Preisklassen gestaltet.
- **Nach dem Erklärungsbedarf:** Das Programm wird anhand der Komplexität der Produkte festgelegt.

4.2.2 Produktpolitische Maßnahmen

Nachdem Sie im vorherigen Kapitelabschnitt den Unterschied zwischen Produkt- und Programmgestaltung kennen gelernt haben, soll sich der folgende Kapitelabschnitt mit Maßnahmen auseinandersetzen, die sowohl auf Ebene des einzelnen Produktes als auch des gesamten Programms oder einer Produktlinie getroffen werden können.

QV

Generell kann zwischen den folgenden grundlegenden **Maßnahmen der Produktpolitik** unterschieden werden:

Maßnahmen der Produktpolitik

- **Produktinnovation**
- **Produktvariation** bzw. **Produktdifferenzierung**
- **Produktelimination.**

Dabei können die einzelnen Maßnahmen hinsichtlich ihres Einsatzzeitpunkts unterschieden werden. Wie das folgende Schaubild zeigt, tritt bei der **Produktinnovation** ein vollkommen neues Produkt auf den Markt. **Produktvariationen und -differenzierungen** werden vorgenommen, während die Produkte auf dem Markt sind. Hingegen wird die **Eliminierung von Produkten** vollzogen, um diese vom Markt zu nehmen.

Produktinnovation

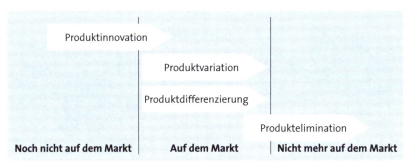

Abb. 29: Maßnahmen der Produktpolitik
(eigene Darstellung)

4.2.2.1 Innovationen von Produkten

Die **Produktinnovation** wird in der Praxis häufig mit dem Begriff der **Produktentwicklung** synonym verwendet. Dies ist jedoch inhaltlich nicht korrekt, denn die Produktentwicklung umfasst nicht nur die Erstellung vollkommen neuer Produkte (echte Innovationen), sondern auch Produktverbesserungen sowie Nachahmungsprodukte (Me-too-Produkte) (vgl. *Becker, 2013, S. 156 f.*). Deswegen sollen Produktinnovationen im Folgenden als „*die Entwicklung von Produkten, die für den Markt und/oder das Unternehmen vollkommen neuartig sind*" (Bruhn, 2009, S. 131), verstanden werden.

In vielen Märkten ist in den vergangenen Jahren nicht zuletzt aufgrund des hohen Wettbewerbsdrucks eine Art von „Innovationswettlauf" ausgebrochen. Dies hat zur Folge, dass die **Produktlebenszyklen** in manchen Bereichen immer kürzer werden (vgl. Kapitel 3.2.2.2). Vor allem im Bereich von Elektrogeräten ist diese Tendenz zu erkennen. Jedoch handelt es sich bei diesen Geräten meist um Produktvariationen (vgl. *Kreutzer, 2010, S. 197*). Demnach stellen sie keine Innovationen im Sinne der vorher festgelegten Definition dar. Eine Studie von *Kerka et al.* aus dem Jahr 2006, bei der eine branchenübergreifende Untersuchung zum Erfolg von Produktinnovationen mithilfe von Interviews durchgeführt wurde, zeigt, dass nur etwa 13 % aller Innovationen überhaupt auf dem Markt eingeführt werden. Weniger als die Hälfte, also ca. 6 %, können schließlich als Produkterfolg gesehen werden (vgl. *Kerka et al., 2006*).

Da die Entwicklung von neuen Produkten meist mit **hohen Kosten** und einer **hohen Belastung von Ressourcen** verbunden ist, erscheint es notwendig, sich mit dem **Innovationsprozess** auseinanderzusetzen, um so zum einen Kosten und Ressourcen effizient einzusetzen und zum anderen die Floprate von Produktinnovationen zu senken. Hierzu bietet die Fachliteratur eine Vielzahl von Ansätzen. Im Folgenden soll eine Grundstruktur eines Innovationsprozesses vorgestellt werden, um die grundlegende Vorgehensweise kennen zu lernen.

Abb. 30: Phasen eines Innovationsprozesses
(in Anlehnung an *Homburg/Krohmer, 2009, S. 545*)

Diese Abbildung zeigt eine Grobstruktur eines Innovationsprozesses, der während des gesamten Ablaufs von einem Innovationsmanagement kontrolliert und überwacht werden sollte.

Die erste Phase innerhalb des Innovationsprozesses stellt die **Ideengewinnung** dar. Hier geht es darum, Ideen für neue Produkte zu sammeln und zu konkretisieren. Neue Produktideen können dabei sowohl extern als auch intern gewonnen werden. Während **unternehmensinterne Quellen** i. d. R. schnell und kostengünstig sind, besteht oft die Gefahr der Betriebsblindheit. **Unternehmensexterne Quellen** können vor allem unter Einbezug von Kundenmeinungen tendenziell innovativere Ideen liefern und somit helfen, mögliche Wettbewerbsvorteile gegenüber der Konkurrenz zu generieren. Oft wird dabei auf Methoden der Marktforschung zurückgegriffen (vgl. Kapitel 2.2). Neben internen und externen Quellen werden häufig auch so genannte **Kreativtechniken** genutzt, um Produktideen gewinnen zu können. Diese werden z. B. innerhalb eines Projektteams eingesetzt, welches aus funktionsübergreifenden Mitgliedern des Unternehmens sowie Experten und Kunden bestehen kann.

Ideengewinnung

QV

Durch **Synergieeffekte** kann das schöpferische Denken innerhalb des Projektteams gefördert werden und zu innovativeren Ideenvorschlägen beitragen. Eine häufig angewendete Form der Kreativtechnik ist dabei das **Brainstorming**. Hierbei geht es vor allem darum, eine möglichst große Anzahl von Ideen zu generieren, ohne diese direkt infrage zu stellen.

Nachdem die Ideen konkretisiert wurden, geht es in der Phase der **Konzeptdefinition** darum, die Ideen weiter zu präzisieren. Generell kann dies im Rahmen folgender Aspekte geschehen:

Konzeptdefinition

Zielgruppe	Für welche Zielgruppe bzw. Zielgruppen kommt das neue Produkt infrage?
Nutzen	Welchen Nutzen verspricht das Produkt, und was macht das Produkt einzigartig?
Produkteigenschaft	Welche zusätzlichen Eigenschaften – über den funktionalen Nutzen hinaus – bringt das Produkt mit sich (z. B. Image)?
Positionierung	Auf welche Weise soll das Produkt gegenüber den Produkten der Konkurrenz abgegrenzt werden?

Innerhalb der **Konzeptbewertungsphase** geht es letztlich darum, die vorher gemachten Überlegungen anhand mehrerer Stufen zu analysieren. In der Regel findet zunächst eine **grobe Selektion** statt, bei der die Konzepte z. B. durch Checklisten oder Scoringmodelle überprüft werden. Die Konzepte, die diese erste Selektion überstanden haben, werden im Anschluss daran hinsichtlich ihrer **Marktfähigkeit** überprüft. Hier geht es vor allem darum, sicher zu stellen, ob das neue Produkt vom Kunden angenommen wird. Eine Möglichkeit, dies zu überprüfen,

Konzeptbewertung

QV bieten so genannte Testmärkte, die im Rahmen von Kapitel 2.2.3.2 bereits angesprochen wurden. In einem letzten Schritt soll dann die **Wirtschaftlichkeit** des neuen Produktes analysiert werden. Dies findet i. d. R. in Form einer detaillierten Investitionsrechnung statt.

Markteinführung   Nachdem die Wirtschaftlichkeit des Produktes überprüft und positiv ausgefallen ist, geht es darum, das Produkt am Markt einzuführen. Der Schritt der **Markteinführung** muss dabei detailliert vorbereitet und gut durchdacht sein. Neben dem Innovationsmanagement müssen zudem die einzelnen Instrumente des Marketingmix gut aufeinander abgestimmt sein, um eine reibungslose Einführung der Produktinnovation am Markt zu gewährleisten.

Adoptionsforschung   Neben der Akzeptanz des neuen Produkts im eigenen Unternehmen ist natürlich vor allem die Durchsetzung der Innovation beim Nachfrager von hoher Bedeutung. Dieser Fragestellung geht die **Adoptionsforschung** nach, indem Nachfrager hinsichtlich ihrer Adoptionsfreudigkeit kategorisiert werden. Die Adoptionsfreudigkeit wird dabei anhand verschiedener Einflussfaktoren, wie z. B. demografischen und psychologischen Aspekten, gemessen. Die folgende Abbildung zeigt die wohl am weitesten verbreitete Form der Typologisierung von Adoptern nach *Rogers*:

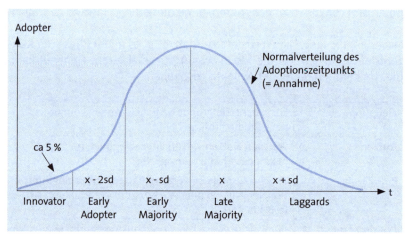

Abb. 31: Adoptionsprozess nach *Rogers*
(in Anlehnung an *Rogers, 2003*)

Rogers teilt dabei die Adopter in fünf Kategorien ein. Da **Innovatoren** und **Early Adopter** sich i. d. R. vor allem durch ein hohes Produktinteresse und Informationsverhalten auszeichnen, werden sie auch als **Meinungsführer** bezeichnet. Sie sind in der Lage z. B. durch Mund-zu-Mund-Propaganda die **Mehrheit (Early und Late Majority)** von dem Produkt zu überzeugen. Deswegen erscheint es durchaus sinnvoll, in der Phase der Produkteinführung vor allem diese Gruppe besonders durch kommunikationspolitische Maßnahmen anzusprechen. Die letzte Gruppe der Adopter sind die **Nachzügler (Laggards)**, sie nehmen das Produkt als Letzte an.

Wie schon bei anderen Modellen sei auch hier darauf hingewiesen, dass es sich hierbei um einen idealtypischen Ablauf handelt. Der Adoptionsprozess nach *Rogers* kann durchaus als Grundlage dienen, um kommunikationspolitische Maßnahmen mit der Einführung neuer Produkte besser zu koordinieren. Eine Spezialisierung und Anpassung an die Gegebenheiten jedes einzelnen Unternehmens sollte dabei jedoch nicht vergessen werden.

4.2.2.2 Variationen und Differenzierungen von Produkten

Nachdem Sie einen Einblick in den Produktinnovationsprozess erhalten haben, geht es im weiteren Verlauf darum, sich mit der **Produktvariation und -differenzierung** auseinanderzusetzen.

Produktvariation und -differnzierung

Ziel der Produktvariation und -differenzierung ist nicht, vollkommen neuartige Produkte auf den Markt zu bringen, sondern **Veränderungen an bereits vorhandenen Produkten** vorzunehmen. Während bei der Produktdifferenzierung das Ausgangsprodukt jedoch auf dem Markt bleibt, wird es bei der Variation vom Markt genommen. Demnach stellt eine **Produktdifferenzierung** immer eine Erweiterung des Produktprogramms dar. Generell kann bei der Produktdifferenzierung zwischen folgenden zwei Arten unterschieden werden:

- **vertikale Produktdifferenzierung:** z. B. werden Eintrittskarten für ein Konzert in verschiedenen Sitzplatzkategorien angeboten
- **horizontale Produktdifferenzierung:** z. B. werden anstatt einer Geschmacksrichtung einer Limonade eine Vielzahl von verschiedenen Geschmacksrichtungen angeboten, während der Preis identisch bleibt.

Bei der **Produktvariation** hingegen wird, wie bereits erwähnt, das Ausgangsprodukt vom Markt entfernt. Produktvariationen können i. d. R. hinsichtlich der folgenden drei Eigenschaften erfolgen:

- **Ästhetik:** z. B. wird das Design eines Smartphones verändert, während die Technik von den Änderungen nicht betroffen ist
- **Funktion:** z. B. wird hierbei die Technik eines Smartphones verändert, welches nun neue Funktionen besitzt
- **Symbolik:** z. B. die Änderung eines Markennamens.

Sowohl die Produktdifferenzierung als auch die -variation bieten Möglichkeiten, durch kleinere oder größere Veränderungen des Produktes einen zusätzlichen Kundennutzen zu erzielen und somit Wettbewerbsvorteile gegenüber der Konkurrenz zu generieren. Auch in diesem Zusammenhang ist es wichtig zu hinterfragen, welche Bedürfnisse die Nachfrager haben, um daran anschließend zielgerichtete und kundenorientierte Produktvariationen und -differenzierungen vorzunehmen.

4.2.2.3 Elimination von Produkten und Produktlinien

Elimination von Produkten

Neben der Innovation sowie der Differenzierung und Variation kann letztlich auch die **Elimination von Produkten** oder ganzen Produktlinien innerhalb der Produktpolitik beschlossen werden. Hierbei geht es darum, einzelne Produkte oder Produktlinien vom Markt zu nehmen. Dies kann vielfältige Gründe haben. Generell sollten sowohl qualitative als auch quantitative Kriterien herangezogen werden, die darüber entscheiden, eine Elimination vorzunehmen, um z. B. finanzielle und materielle Ressourcen anderweitig einzusetzen:

- quantitative Gründe: z. B. Stückkosten, Deckungsbeiträge (monetäre Zielgrößen)
- qualitative Gründe: z. B. negativer Einfluss eines Produktes durch mangelnde Qualität auf das gesamte Produktprogramm.

4.2.3 Markierungsmöglichkeiten

Die bisher vorgestellten Maßnahmen zur Produktgestaltung können auch als **Produktgestaltungen im engeren Sinne** verstanden werden (funktionale und ästhetische Merkmale). Jedoch können im Rahmen der Produktpolitik auch **Gestaltungsmaßnahmen im weiteren Sinne** erfolgen. Hierzu zählen vor allem die **Markierungs- und Verpackungsmöglichkeiten**.

Markierungen bieten eine weitere Möglichkeit, sich gegenüber Konkurrenten zu differenzieren. Eine Marke kann dabei als ein Schlüsselinstrument der Produktpolitik gesehen werden, da sie eine unternehmensspezifische Produktkennzeichnung darstellt, die es ermöglicht, ein markt- bzw. zielgruppenspezifisches Image aufzubauen. Unter Einbezug des Markengesetztes ist eine **Marke** danach wie folgt definiert:

Markierungen/ Marke

„Als Marke können alle Zeichen, insbesondere Wörter einschließlich Personennamen, Abbildungen, Buchstaben, Zahlen, Hörzeichen, dreidimensionale Gestaltungen einschließlich der Form einer Ware oder ihrer Verpackung sowie sonstige Aufmachungen einschließlich Farben und Farbzusammenstellungen, geschützt werden, die geeignet sind, Waren oder Dienstleistungen eines Unternehmens von denjenigen anderer Unternehmen zu unterscheiden" (§ 3 Abs. 1 MarkenG).

Aus wirtschaftswissenschaftlicher Sicht kann die Marke darüber hinaus auch wie folgt definitorisch abgegrenzt werden:

„Die Marke ist ein Nutzenbündel mit spezifischen Merkmalen, die dafür sorgen, dass sich dieses Nutzenbündel gegenüber anderen Nutzenbündeln, welche dieselben Basisbedürfnisse erfüllen, aus Sicht relevanter Zielgruppen nachhaltig differenziert" (Burmann et al., 2003, S. 3).

Es ist zu erkennen, dass die wirtschaftswissenschaftliche Definition auf einer abstrakteren Ebene versucht, den Begriff der Marke zu erklären. Im Kern meinen beide Definitionen jedoch dasselbe. Eine Marke ermöglicht es, sich anhand verschiedener Gestaltungsmöglichkeiten gegenüber Wettbewerbern abzugrenzen, obwohl die eigentlichen Produkte bzw. Dienstleistungen sich dabei zum Teil kaum unterscheiden.

Besonders bei der Erreichung von anspruchsvollen Unternehmens- und Marketingzielen (z. B. Aufbau eines gewissen Images) bieten Markierungen eine gute Möglichkeit, diese auch zu erreichen. An diesem Beispiel lässt sich auch wieder einmal gut der Zusammenhang zwischen den einzelnen Phasen innerhalb des ganzheitlichen Marketingmanagementansatzes erkennen.

Generell gilt es vor allem zwei Fragestellung in Bezug auf eine Markierung zu beantworten:
- Welcher Markentyp soll gewählt werden?
- Was für eine Gestaltungsform soll gewählt werden?

4. Operative Marketingplanung auf Basis des integrierten Marketingmix

Markentyp

Bei der Frage nach dem **Markentyp** geht es um eine grundlegende Entscheidung, die in jedem Fall unter Einbezug der Ziele und Strategien erfolgen sollte, und ist eher dem strategischen Marketingbereich zu zuordnen. Dabei kann i. d. R. zwischen drei verschiedenen Arten von Markentypen differenziert werden: **Einzelmarken, Familienmarken** (auch **Gruppenmarken**) und **Dachmarken** (i. d. R. auch **Firmenmarken**).

Beispiele

Einzelmarke	CocaCola	► CocaCola
		► CocaCola light
		► CocaCola zero
		► Fanta
		► Sprite
		► mezzo mix
		► Lift
		► Minute Maid
		► NESTEA
		► Bonaqa
		► vio
		(www.coca-cola.de)
Familienmarke	NIVEA	► NIVEA Creme
		► NIVEA Deodorant
		► NIVEA HairCare
		► NIVEA Men
		► NIVEA Soft
		► NIVEA Vital
		► NIVEA Baby
		► NIVEA Beauty
		► NIVEA Body
		(www.nivea.de)
Dachmarke	Dr. Oetker	(www.oetker.de)

Einzel-
markenstrategie

Bei der Verfolgung der **Einzelmarkenstrategie** wird jedes Produkt mit einer anderen Marke ausgestattet. Der Vorteil von Einzelmarken ist vor allem, dass diese stark auf die spezifischen Bedürfnisse der einzelnen Kundengruppen ausgerichtet werden können. Jedoch sind hiermit i. d. R. auch hohe Marketingaufwendungen verbunden, da z. B. für jede Marke einzelne kommunikationspolitische Maßnahmen anfallen.

Innerhalb der **Familienmarkenstrategie** werden verschiedene Produkte unter einem einheitlichen Markennamen geführt. Der Vorteil liegt vor allem darin, dass sämtliche Produkte der Familienmarke von einem bereits aufgebauten Markenimage profitieren. Dies kann vor allem dann von Vorteil sein, wenn z. B. ein neues Produkt auf den Markt gebracht wird. Allerdings kann dies auch dazu führen, dass bei einem schlechten Image eines Produktes sämtliche Produkte schlechter verkauft werden.

Familienmarkenstrategie

Bei der **Dachmarkenstrategie** wiederum werden sämtliche Produkte eines Unternehmens unter einem Markennamen geführt. Der Vorteil liegt vor allem darin, dass der gesamte Marketingaufwand von allen Produkten getragen werden kann. Demgegenüber steht aber insbesondere der Nachteil, dass eine spezifische Ausrichtung der einzelnen Bedürfnisse durch die Markierung nicht möglich ist.

Dachmarkenstrategie

Die genannten Markentypen können auch in einem Markensystem kombiniert werden.

Neben der Wahl des Markentyps gilt es zudem, die Frage zu beantworten, wie die Marke gestaltet werden soll. Im Gegensatz zur Wahl des Markentyps ist dies eher eine operative Aufgabe. Generell kann zwischen folgenden **Gestaltungsaspekten** unterschieden werden (vgl. *Becker, 2013, S. 505*):

Gestaltungsaspekte

- **Wortmarke**, z. B. Microsoft (vgl. www.microsoft.de)
- **Buchstabenmarke**, z. B. AEG (vgl. www.aeg.de)
- **Bildmarke**, z. B. der so genannte „Swoosh" von Nike (vgl. www.nike.de)
- **kombinierte Marke**, z. B. BMW (vgl. www.bmw.de).

Marken können nicht nur als Mittel zur Differenzierung gegenüber der Konkurrenz gesehen werden, sondern auch als **immaterieller Vermögensgegenstand** bezeichnet werden. Wie die folgende Abbildung zeigt, beläuft sich der **Markenwert (Brand Equity)** des Erfrischungsgetränkeherstellers Coca-Cola auf fast 72 Mio. US-Dollar. Im Vergleich dazu ist der Markenwert des Automobilhersteller Mercedes eher gering, allerdings der höchste in ganz Europa. Generell zeigt sich, dass vor allem Unternehmen in den USA versuchen, einen besonders hohen Markenwert aufzubauen.

Markenwert

4. Operative Marketingplanung auf Basis des integrierten Marketingmix

2014 Rank	2013 Rank	Brand Name	Region/ Country	Sector	Brand Value ($m)	Change in Brand Value
1	1	Apple	United States	Technology	118,863	+ 21 %
2	2	Google	United States	Technology	107,439	+ 15 %
3	3	Coca-Cola	United States	Beverages	81,563	+ 3 %
4	4	IBM	United States	Business Services	72,244	-8 %
5	5	Microsoft	United States	Technology	61,154	+ 3 %
6	6	GE	United States	Diversified	45,480	-3 %
7	8	Samsung	South Korea	Technology	45,462	+ 15 %
8	10	Toyota	Japan	Automotive	42,392	+ 20 %
9	7	McDonalds	United States	Restaurants	42,254	+ 1 %
10	11	Mercedes-Benz	Germany	Automotive	34,338	+ 8 %
11	12	BMW	Germany	Automotive	34,214	+ 7 %
12	9	Intel	United States	Technology	34,153	-8 %
13	14	Disney	United States	Media	32,223	+ 14 %
14	13	Cisco	United States	Technology	30,936	+ 6 %
15	19	Amazon	United States	Retail	29,478	+ 25 %
16	18	Oracle	United States	Technology	25,980	+ 8 %
17	15	HP	United States	Technology	23,758	-8 %
18	16	Gillette	United States	FMCG	22,845	-9 %
19	17	Louis Vuitton	France	Luxury	22,552	-9 %
20	20	Honda	Japan	Automotive	21,673	+ 17 %
21	21	H&M	Sweden	Apparel	21,083	+ 16 %
22	24	Nike	United States	Sporting Goods	19,875	+ 16 %
23	23	American Express	United States	Financial Services	19,510	+ 11 %
24	22	Pepsi	United States	Beverages	19,119	+ 7 %
25	25	SAP	Germany	Technology	17,340	+ 4 %
26	26	IKEA	Sweden	Home Furnishings	15,885	+ 15 %

Top 26 Markenwerte 2014 in Mio. Dollar
(www.bestglobalbrands.com/2014/ranking)

4.2.4 Verpackungsmöglichkeiten

Neben der Markierung zählt auch die **Verpackungsgestaltung** zu einer Gestaltungsmaßnahme der Produktpolitik im weiteren Sinn. Der Grundgedanke der Verpackung ist es, zunächst das Produkt zu schützen. Die Verpackung kann jedoch auch aus kommunikationspolitischen Aspekten eine Möglichkeit darstellen, sich gegenüber der Konkurrenz zu differenzieren. Demnach sollte im Zusammenhang mit der Verpackung eine enge Verknüpfung zwischen Produkt-, Distributions- und Kommunikationspolitik bestehen. Die Verpackungsgestaltung kann dabei anhand einer Vielzahl von Aspekten erfolgen, auf die im Folgenden exemplarisch eingegangen werden soll:

Verpackungsgestaltung

Schutzaspekt	Die Verpackung dient dem Schutz des Produkts bei Transport und Lagerung.
Verwendungsaspekt	Bei manchen Produkten unterstützt die Verpackung den Verbrauch des Produkts (z. B. Zahnpastatube). Zudem befinden sich auf der Verpackung auch Informationen über den Ge- bzw. Verbrauch des Produkts.
Logistikaspekt	Die Verpackungsgestaltung kann auch unter dem Gesichtspunkt des optimalen Transports betrachtet werden.
Kommunikationsaspekt	Durch die Verpackung kann der Nachfrager ein Produkt wiedererkennen oder erst darauf aufmerksam gemacht werden.
Kostenaspekt	Auch die Herstellungs- und Entsorgungskosten können eine Rolle bei der Verpackungsgestaltung spielen.
Ökologischer Aspekt	Vor allem aufgrund der Öffentlichkeit und gesetzlicher Regelungen sollten auch ökologische Überlegungen hinsichtlich der Verpackungsgestaltung unternommen werden.

4.3 Preispolitik

Nachdem Sie mit der Produktpolitik das erste Puzzlestück des Marketingmix kennen gelernt haben, soll in diesem Kapitel die Preispolitik behandelt werden. Hierzu werden zunächst die drei grundlegenden Ansatzpunkte zur Preisbestimmung im Vordergrund stehen, ehe Sie im weiteren Verlauf des Kapitels mit verschiedenen preispolitischen Maßnahmen konfrontiert werden.

Preispolitik

Neben den qualitativen Merkmalen eines Produktes spielen vor allem auch monetäre Aspekte und daher nicht zuletzt der Preis eine entscheidende Rolle bei der Kaufentscheidung. Aber nicht nur für den Nachfrager stellt die preisliche Ausgestaltung ein wichtiges Thema dar. Auch aus Sicht des Unternehmens ist die Preisgestaltung ein entscheidender Aspekt, um letztlich Unternehmens- (z. B. Umsatz und Gewinn) und

Marketingziele (z. B. Marktanteil) zu erreichen. Innerhalb dieses Zusammenhangs lässt sich wiederum die Notwendigkeit eines ganzheitlichen Marketingkonzepts erkennen.

Häufig wird in der Literatur die Preispolitik auch unter dem Begriff **Kontrahierungspolitik** behandelt, da diese neben der Preispolitik auch die **Konditionspolitik** (z. B. Rabatte) beinhaltet. Wir wollen im Folgenden jedoch die Begriffe der Kontrahierungs- und Preispolitik synonym verwenden und orientieren uns dabei an der Definition von *Meffert et al.*:

„Die Entscheidungen im Rahmen der Preispolitik umfassen alle Vereinbarungen über das Entgelt des Leistungsangebots, über mögliche Rabatte und darüber hinausgehende Lieferungs-, Zahlungs- und Kreditierungsbedingungen sowie die Preisdurchsetzung am Markt. Diese Instrumente der Preispolitik sind im Hinblick auf die Marketingziele auszugestalten" (2012, S. 466).

4.3.1 Perspektiven der Preisfestlegung

Die Festlegung des Preises trägt, wie bereits erwähnt, entscheidend dazu bei, ob die vorher festgelegten Unternehmens- und Marketingziele erreicht werden können. Um sowohl die Markt- und Unternehmenssituation mit in den Entscheidungsprozess der Preisfestlegung einzubeziehen, sollten die folgenden drei Faktoren näher betrachtet werden:

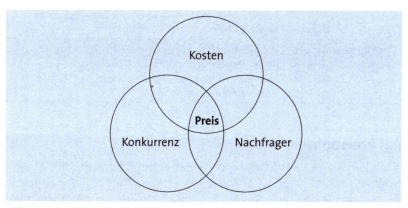

Abb. 32: Perspektiven der Preisfestlegung
(eigene Darstellung)

Perspektiven der Preisfestlegung

Die Abbildung zeigt die drei grundlegenden **Perspektiven der Preisfestlegung**. Dabei ist jedoch darauf hinzuweisen, dass sich die einzelnen Kreise überlappen. Dies hat den Hintergrund, dass die drei Faktoren nicht getrennt voneinander gesehen werden sollten. Vielmehr geht es darum, idealerweise alle drei Faktoren mit in den Entscheidungsprozess einzubeziehen. Jedoch ist der Einbezug aller Faktoren auch mit einer erhöhten Komplexität verbunden. Im Folgenden werden nun die kosten-, nachfrager- und konkurrenzorientierte Preisfestlegung getrennt voneinander betrachtet, um die Besonderheiten und Charakteristika der einzelnen Faktoren besser kennen zu lernen und den Komplexitätsgrad zu reduzieren.

4.3.1.1 Kostenorientiere Preisfestlegung

Die **kostenorientierte Preisfestlegung** orientiert sich an intern zur Verfügung stehenden Informationen. Hierzu werden i. d. R. Daten aus der **Kostenrechnung** bzw. dem Rechnungswesen zur Bestimmung von Produktpreisen genutzt. Aus diesem Grund gestaltet sich die Informationsbeschaffung der notwendigen Daten in Bezug auf diesen Faktor der Preisfestlegung zunächst einfach. Zudem weist auch die Berechnung des Preises auf Basis der **Kostenträgerrechnung** eine eher geringere Komplexität auf, sodass viele Unternehmen in der Praxis auf die kostenorientierte Preisfestlegung zurückgreifen. Generell kann dabei zwischen zwei verschiedenen Möglichkeiten unterschieden werden.

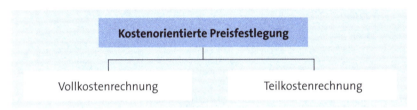

Abb. 33: Kostenorientierte Preisfestlegung

Innerhalb der **Vollkostenrechnung** sind alle anfallenden Kosten (sowohl Fixkosten als auch variable Kosten) miteinzubeziehen. Hierbei gilt es zunächst, die Kosten für ein einzelnes Produkt unter Einbezug der prognostizierten Absatzmenge zu berechnen, ehe unter Einbezug des vorher festgelegten Gewinnzuschlags der Angebotspreis bestimmt werden kann. Das Verfahren ist auch unter dem Begriff **Cost-Plus-Pricing** bekannt und schlägt sich in folgender Formel nieder (vgl. *Becker, 2013, S. 517*):

$$p = \left[\left(k_{var} + \frac{k_{fix}}{x}\right) \cdot (1 + g)\right]$$

p = Angebotspreis
k_{var} = variable Kosten
k_{fix} = fixe Kosten
x = prognostizierte Absatzmenge
g = Gewinnzuschlag

Beispiel

Der Sportartikelhersteller Panter bringt zur bevorstehenden Fußball Weltmeisterschaft ein neues Fantrikot der deutschen Nationalmannschaft auf den Markt. Berechnen Sie auf Basis der folgenden Daten den Angebotspreis für das neue Trikot unter Einbezug der Vollkostenrechnung:

$$k_{\text{ges pro Stk.}} = 20\ \text{€} + \frac{1.200.000\ \text{€}}{200.000} = \mathbf{26\ \text{€}}$$

$$p = 26\ \text{€} \cdot \left(1 + \frac{55}{100}\right) = \mathbf{40{,}30\ \text{€}}$$

k_{var} = 20 €
k_{fix} = 1.200.000 €
x = 200.000 €
g = 55 %

Teilkostenrechnung

Jedoch kann an der Vollkostenrechnung kritisiert werden, dass die Fixkosten **nicht verursachungsgerecht** auf weitere Kostenträger (z. B. weitere Produkte) umgerechnet werden. Dieser Kritikpunkt wird im Rahmen der **Teilkostenrechnung** aufgegriffen, da hier die Preiskalkulation für ein Produkt nur auf Basis der Kosten erfolgt, die diesem **wirklich zuzurechnen** sind. Zu den zurechnungsfähigen Kosten zählen z. B. Kosten für Produktion, Entwicklung und Vermarktung. Somit bezieht die Teilkostenrechnung zunächst nur die variablen Kosten mit ein und ermittelt den Angebotspreis daher über die folgende Formel (vgl. *Becker, 2013, S. 518*):

$$p = k_{var} \cdot (1 + g)$$

Bei der Entscheidung über Zusatzaufträge bei vorhandener Kapazität wird in reiner Kostenbetrachtung ein Auftrag dann angenommen, wenn $p > k_{var}$. Daher unterscheidet man zwischen der kurzfristigen und der langfristigen Preisuntergrenze.

Allerdings müssen für die Sicherstellung der langfristigen Wirtschaftlichkeit eines Unternehmens nicht nur die **variablen Kosten** (kurzfristige Preisuntergrenze), sondern mittel- bzw. langfristig auch die **Fixkosten** (langfristige Preisuntergrenze) gedeckt sein. In der folgenden

Beispielaufgabe werden deswegen zunächst die **Deckungsbeiträge** für zwei verschiedene Produkte berechnet, um im Anschluss daran zu überprüfen, ob mit diesen die Fixkosten des Unternehmens gedeckt werden können.

Beispiel

Ein Elektronikunternehmen mit Fixkosten von 170.000 € bringt zwei Produkte auf den Markt: Einen Tablet-PC zum Verkaufspreis von 350 € und ein Smartphone für 250 €. Das Unternehmen prognostiziert einen Absatz von 1.000 Tablet-PCs und 1.250 Smartphones. Die variablen Kosten für das Smartphone betragen 165 € und für den Tablet-PC 180 €. Berechnen Sie auf Grundlage dieser Daten die einstufigen Deckungsbeiträge, und ermitteln Sie den Gewinn des Unternehmens.

	Tablet-PC	Smartphone
Absatzmenge	1.000 Stück	1.250 Stück
Verkaufspreis	350 €	250 €
Variable Kosten pro Stück	180 €	165 €
Deckungsbeitrag	170.000 €	106.250 €

DB Tablet-PC = (350 € - 180 €) • 1.000 = 170.000 €
DB Smartphone = (250 - 165 €) • 1.250 = 106.250 €

Generell können im Rahmen der kostenorientierten Preisfestlegung folgende Vor- und Nachteile ausgemacht werden:

Vorteile	Beispiel
▸ Informationen liegen i. d. R. vor.	▸ Fixkosten werden nur willkürlich oder gar nicht zugeordnet.
▸ einfache Methode zur Berechnung der Angebotspreise	▸ Es besteht die Gefahr des „Herauskalkulierens" aus dem Markt (Vollkostenrechnung).
	▸ Es besteht die Gefahr eines selbstverschuldeten Preisverfalls (Teilkostenrechnung).

4.3.1.2 Nachfrageorientierte Preisfestlegung

QV
Nachfrageorientierte Preisfestlegung

Im vorherigen Teilkapitel wurde der Preis unter Einbezug der anfallenden Kosten bestimmt. Sicherlich ist die Betrachtung der Kosten ein sehr wichtiger Aspekt innerhalb der Preissetzung, doch ist diese eindimensionale Sichtweise zu kurz gefasst. Viel mehr sollten auch **nachfrageorientierte** Faktoren mit in die **Preisfestlegung** einbezogen werden.

Viele Nachfrager achten sehr sensibel auf die Entwicklung von Preisen. Deshalb kann davon ausgegangen werden, dass jede Änderung des Preises zu einem **veränderten Nachfrageniveau** führt. In der Regel ist daher eine Preiserhöhung immer mit einer rückläufigen Nachfrage verbunden (und umgekehrt). Jedoch kann es vor allem bei qualitativ hochwertigen Produkten dazu kommen, dass die Nachfrage bei Erhöhung des Preises ansteigt.

Beispiel

Ein Beispiel hierfür ist hochwertiger Schmuck. In diesem Fall steht der hohe Preis für eine besonders hohe Exklusivität und Qualität.

Bereits dieses einfache Beispiel zeigt, dass mehrere psychologische und wirtschaftliche Faktoren und damit sowohl die Preissensibilität (d. h. wie empfindlich reagieren die Nachfrager auf eine Preisveränderung) als auch die Preisreaktion betrachtet werden sollten (vgl. *Kotler et al., 2007, S. 599 f.*).

Preiselastizität der Nachfrage

Wie stark sich eine Preisveränderung auf die Nachfrage auswirkt, kann mithilfe der **Preiselastizität der Nachfrage** bestimmt werden. Sie gibt an, welche prozentuale Änderung der Absatzmenge sich bei einer einprozentigen Änderung des Preises ergibt. Die Preiselastizität ergibt sich dabei aus folgender Formel:

$$PE = \frac{\text{Prozentuale Absatzänderung}}{\text{Prozentuale Preisänderung}}$$

Im Normalfall ist, wie bereits erläutert, davon auszugehen, dass eine Preiserhöhung mit einer rückläufigen Absatzmenge verbunden ist, demnach ist eine **Preiselastizität i. d. R. auch negativ**. Abgeleitet werden kann die Preiselastizität aus der Preis-Absatz-Funktion. Die folgende Abbildung zeigt eine idealtypische Preis-Absatz-Funktion, welche die nachgefragte Menge in Abhängigkeit des Angebotspreises darstellt.

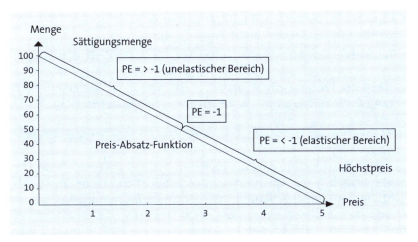

Abb. 34: Preis-Absatz-Funktion
(Kreutzer, 2010, S. 256)

Die Abbildung zeigt, dass die **Sättigungsmenge** bei einem Preis von 0 erreicht ist, demnach würden hier alle das Produkt kaufen, da es schließlich kostenlos ist. Der **Höchstpreis** (oder Prohibitivpreis) wiederum gibt an, zu welchem Preis keine Nachfrage mehr für das Produkt besteht. Zwischen diesen beiden Extrempunkten kann die Preiselastizität (PE) verschiedene Werte annehmen.

Generell kann hierbei von drei unterschiedlichen Szenarien ausgegangen werden:

- **PE = -1:** Die relative Veränderung der Menge entspricht der relativen Änderung des Preises.

   Beispiel

   Steigt der Preis für Smartphones generell um 5 %, so ist auch von einem Rückgang der Nachfrage von 5 % auszugehen.

- **PE ≥ -1:** Die relative Veränderung der Menge ist unterproportional gegenüber der relativen Änderung des Preises.

   Beispiel

   Steigt der Preis für ein Smartphone um 5 %, so ist nur von einem Rückgang der Nachfrage um 3 % auszugehen (unelastischer Bereich).

- **PE ≤ -1:** Die relative Veränderung der Menge ist überproportional gegenüber der relativen Änderung des Preises.

Beispiel

Steigt der Preis für ein Smartphone um 5 %, so ist von einem Rückgang der Nachfrage von 9 % auszugehen (elastischer Bereich).

Es bleibt festzuhalten, dass die in diesem Kapitel angesprochenen Aspekte sicherlich nur einen ersten Ansatzpunkt darstellen. Die Beobachtung des Kundenverhaltens bei Preisänderungen hinsichtlich wirtschaftlicher und psychologischer Gesichtspunkte und das Bewusstsein für Preiselastizitäten können im Rahmen der Preispolitik genutzt werden, auch die nachfrageorientierte Ebene mit in die Preisfestlegung einzubeziehen (für weitere Ausführungen zu diesem Thema vgl. z. B. *Diller, 2008*).

4.3.1.3 Konkurrenzorientierte Preisfestlegung

Nachdem wir bereits auf kosten- und nachfrageorientierte Aspekte im Rahmen der Preisfestlegung eingegangen sind, soll abschließend die konkurrenzorientierte Sichtweise betrachtet werden. Die **konkurrenzorientierte Preisfestlegung** verfolgt ebenso wie die nachfrageorientierte Preisfestlegung eine **marktbezogenen Perspektive**. Gerade im Hinblick auf den zunehmenden Wettbewerb auf vielen Märkten sollten auch die Preise der Konkurrenten mit in die Überlegungen der Preissetzung eingebracht werden. Sonst kann es z. B. dazu kommen, dass sich ein Unternehmen aufgrund der fehlenden Wettbewerbsperspektive aus dem Markt „herauskalkuliert" (vgl. Kapitel 4.2.1.1).

Es ist in der Praxis zu beobachten, dass Preise vor allem auf Basis von **Leitpreisen** festgesetzt werden. Hierunter sind Preise zu verstehen, die entweder durch den Marktführer festgelegt werden oder einem durchschnittlichen Marktniveau entsprechen. Findet eine Orientierung am Leitpreis statt, rücken kosten- und nachfrageorientierte Aspekte in den Hintergrund. Die Ausrichtung findet daher nur anhand des Leitpreises statt (vgl. *Runia et al., 2007, S. 180*).

Diese vereinfachte Ausrichtung ermöglicht es, sich gegenüber dem Leitpreis nach zwei grundsätzlichen Varianten aufzustellen und so ein **angepasstes Preisverhalten** zu praktizieren:

Preisüberbietung	In diesem Fall spricht man auch von einer Überholstrategie, bei der eine Führungsposition am Markt angestrebt wird. In diesem Zusammenhang sollte aber auch die Qualität des Produktes dem Preis entsprechen.
Preisunterbietung	In diesem Fall wird auch von Verfolgerstrategien gesprochen, bei denen der Marktführer mit Preissenkungen attackiert werden soll. Jedoch ist dies oft mit einer zunehmenden Preisdynamik auf den Märkten verbunden, da auch der Marktführer mit einem niedrigeren Preis reagieren kann. Dies kann letztlich zu einem Preisverfall in der gesamten Branche führen.

Die konkurrenzorientierte Preisfestlegung zeigt, dass dieser Aspekt gerade in Märkten mit einem hohen Wettbewerb eine Rolle spielt. Denn vor allem auf diesen Märkten werden Nachfrager die Produkte, aber auch die Preise der einzelnen Anbieter vergleichen. Es soll aber auch erwähnt werden, dass eine eindimensionale Sichtweise in der Preisfestlegung i. d. R. nicht zielführend ist. So kann es bei einer zu starken Orientierung an der Konkurrenz z. B. dazu kommen, dass die eigene Kostenstruktur außer Acht gelassen wird und somit Rentabilitätsziele verpasst werden.

4.3.2 Preispolitische Strategien

Nachdem Sie die drei grundlegenden Perspektiven der Preisfestlegung kennen gelernt haben, sollen im Folgenden verschiedene Ansatzpunkte strategischer Entscheidungsfelder der Preispolitik näher betrachtet werden.

Bei der Recherche zu preispolitischen Strategien in der Fachliteratur wird deutlich, dass es eine Vielzahl von unterschiedlichen Ansätzen gibt. Wir wollen im Folgenden auf vier ausgewählte strategische Entscheidungsfelder eingehen (für umfangreiche Inhalte zu preispolitischen Entscheidungsfeldern vgl. z. B. *Diller*, 2008).

4. Operative Marketingplanung auf Basis des integrierten Marketingmix

Preispositionierung

Ein erstes Entscheidungsfeld der Preispolitik stellt die **Preispositionierung** dar. Hierbei geht es vor allem darum, eine grundsätzliche Entscheidung bezüglich der Höhe des Preises zu treffen. Generell ergeben sich hierdurch drei verschiedene Grundausrichtungen:

Hochpreisstrategie	Es wird ein hohes Preisniveaus aufgrund eines besonderen Leistungsvorteils realisiert.
Mittelpreisstrategie	Es wird ein mittlerer Preis aufgrund eines mittleren Qualitätsniveaus des Produktes festgelegt.
Niedrigpreisstrategie	Das Unternehmen strebt ein Produkt mit einer Mindestqualität zu einem niedrigen Preis an.

Diese drei grundlegenden Preispositionierungsstrategien stehen dabei in einem engen Zusammenhang zur strategischen Grundausrichtung des Unternehmens. Darüber hinaus sind in diesem Fall auch enge Verknüpfungen mit der Produktpolitik zu erkennen.

Strategien des Preiswettbewerbs

Ein weiteres Entscheidungsfeld preispolitischer Strategien stellen die **Strategien des Preiswettbewerbs** dar; sie stehen vor allem in einem engen Zusammenhang mit der konkurrenzorientierten Preisfestlegung. Es kann dabei zwischen drei verschiedenen Möglichkeiten unterschieden werden:

Preisführerschaft	Das Unternehmen bestimmt aufgrund besonders großer Marktmacht und/oder Kostenführerschaft den Leitpreis.
Preiskampf	Das Unternehmen versucht, einen besonders niedrigen Preis festzulegen. Versuchen andere Wettbewerber, den Preis zu unterbieten, reagiert das Unternehmen mit einem noch niedrigeren Preis, um so das kostengünstigste Produkt am Markt anbieten zu können.
Preisfolgerschaft	Das Unternehmen reagiert nur auf Preisänderungen der Konkurrenz und passt darauf hin die Preise an.

Zudem können Preisstrategien auch auf Basis des Produktlebenszyklus getroffen werden. Gerade bei der Einführung neuer Produkte ist die „richtige" Preissetzung wichtig, um die Akzeptanz des Produktes zu gewährleisten. Demnach lassen sich zwei grundlegende Strategien der Preisabfolge bei der Neueinführung von Produkten unterscheiden (vgl. *Runia et al., 2007, S. 181 f.*):

Skimmingstrategie	Penetrationsstrategie
Bei der Skimmingstrategie wird bei der Produkteinführung ein verhältnismäßig hoher Preis festgesetzt, der dann im Zeitablauf stetig gesenkt wird. Häufig wird sie auf technischen Märkten eingesetzt, wie z. B. dem Computermarkt. Viele Nachfrager sind hier bereit, für die neueste Notebook-Generation einen verhältnismäßig hohen Preis zu bezahlen.	Die Penetrationsstrategie versucht, durch einen niedrigen Markteintrittspreis die Diffusion auf Massenmärkten schnell voranzutreiben. Hierbei wird anfangs evtl. sogar darauf verzichtet, die Kosten zu decken.
Vorteile: ▸ hohe Gewinne in kurzem Zeitrahmen möglich ▸ Abschöpfung hoher Konsumentenrenten von Nachfragern, die eher weniger preisbewusst sind ▸ Aufbau eines hohen Qualitätsimages, da oft der hohe Preis mit einer hohen Qualität in Verbindung gebracht wird	**Vorteile:** ▸ Niedrigpreise dienen zum Aufbau von Markteintrittsbarrieren ▸ schneller Aufbau einer Marktmachtposition (hohe Marktanteile) ▸ Realisierung von Erfahrungskurveneffekten
Nachteile: ▸ Die hohe Gewinnspanne lockt Konkurrenten auf den Markt. ▸ Die Nachfrage nach dem Produkt muss entsprechend groß sein. ▸ nur auf Märkten mit hohen Markteintrittsbarrieren möglich	**Nachteile:** ▸ Armotisationdauer, bis Gewinne erzielt werden, relativ lang ▸ Preiserhöhungen im Zeitablauf lassen sich nur schwer begründen ▸ Märkte müssen groß genug sein, damit das Absatzvolumen überhaupt erreicht werden kann.
→ **Die Skimmingstrategie ist vor allem auf kurzfristige Erträge ausgerichtet.**	→ **Die Penetrationsstrategie ist eher langfristig ausgerichtet.**

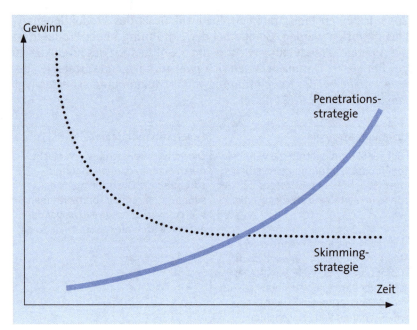

Abb. 35: Skimming- und Penetrationsstrategie

Die obige Abbildung zeigt die unterschiedlichen Auswirkungen der beiden Preisabfolgestrategien hinsichtlich der beiden Dimensionen Zeit und Gewinn. Eine grundlegende Aussage über die Wahl des Strategietyps kann nicht getroffen werden, da hierzu eine Reihe von Aspekten berücksichtigt werden sollte (z. B. übergeordnete Unternehmens- und Marketingziele, Chancen und Risiken des Marktumfelds etc.). Hierin wird wiederum die Notwendigkeit des ganzheitlichen Marketingmanagementansatzes deutlich.

Preisdifferenzierung

Das letzte strategische Entscheidungsfeld, das innerhalb dieses Kapitelabschnitts behandelt werden soll, beschäftigt sich mit der **Preisdifferenzierung**. Hierbei werden unterschiedliche Preise für i. d. R. identische Leistungen nach bestimmten Kriterien festgelegt. Gerade im Hinblick auf die Kundenorientierung im Marketing spielt die differenzierte Ausgestaltung von Preisen eine wichtige Rolle, da hierdurch gleiche Produkte unterschiedlichen Kundengruppen zu verschiedenen Preisen angeboten werden können. Generell kann die Preisdifferenzierung anhand unterschiedlicher Kriterien erfolgen (vgl. *Esch et al., 2011, S. 334*):

Nach Regionen	Differenzierung hinsichtlich geografischer Aspekte, wie z. B. verschiedene Länder, Regionen oder Städte
Nach Personen	Differenzierung hinsichtlich von Kundensegmenten, wie z. B. Vorzugpreise für Jugendliche und Senioren
Nach Zeit	Differenzierung hinsichtlich verschiedener Jahres- oder Tageszeiten, wie z. B. Last-Minute-Reiseangebote
Nach Leistung	Differenzierung hinsichtlich verschiedener Leistungsklassen eines Produktes, die sich geringfügig unterscheiden, z. B. Flugpreise in der Economy und Business Class
Nach Kaufmengen	Differenzierung hinsichtlich unterschiedlicher Kaufmengen eines Produktes, z. B. ermäßigter Stückpreis auf zehn gekaufte Produkte (Mengenrabatt)
Nach Produktbündeln	Differenzierung hinsichtlich des Kaufs von mehreren unterschiedlichen Produkten, z. B. Menüpreis in einem Fast-Food-Restaurant

4.4 Distributionspolitik

Mit der Preispolitik haben Sie im vorangegangenen Kapitel das zweite „Puzzlestück" innerhalb des Marketingmix kennen gelernt. In diesem Kapitelabschnitt geht es um die Distributionspolitik. Hierbei werden Sie zunächst die zwei grundsätzlichen Entscheidungsbereiche der Distributionspolitik kennen lernen, ehe diese näher vertieft werden.

Neben der Produkt- und Preisgestaltung sind innerhalb des Marketing auch Entscheidungen hinsichtlich der Distribution zu treffen. Dabei geht es vereinfacht um die Fragestellung, wie die Produkte letztlich zum Käufer gelangen. Da distributionspolitische Entscheidungen i. d. R. mittel- bzw. langfristig orientiert sind, besteht hier ein erhöhter Koordinations- und Abstimmungsbedarf mit dem strategischen Marketing. Auch in diesem Zusammenhang ist erneut die Relevanz eines ganzheitlichen Marketingkonzepts zu erkennen.

Das Begriffsverständnis hinsichtlich der **Distributionspolitik** ist in der Fachliteratur sehr vielfältig. Neben dem Begriff der Distributions- wird häufig auch die Bezeichnung **Vertriebspolitik** verwendet (vgl. z. B. *Homburg/Krohmer, 2009, S. 828 f.; Bruhn, 2009, S. 245*). Häufig wird in diesem Zusammenhang dem **akquisitorischen Aspekt** bzw. dem Vertrieb eine höhere Bedeutung beigemessen. Dies mag auch in einer gewissen Weise zutreffen, jedoch sollte die **physische Distribution** nicht ganz außer Acht gelassen werden. Für den weiteren Verlauf des Lehrbuchs soll daher die Definition von *Meffert et al.* herangezogen werden:

„Die Distributionspolitik bezieht sich auf die Gesamtheit aller Entscheidungen und Handlungen, welche die Verteilung (engl.: distribution) von materiellen und/oder immateriellen Leistungen vom Hersteller zum Endkäufer und damit von der Produktion zur Konsumtion bzw. gewerblichen Verwendung betreffen" (Meffert et al., 2012, S. 543).

Wie bereits erwähnt, kann die Verteilung der materiellen/immateriellen Leistung (bzw. dem Produkt) vor allem hinsichtlich zweier grundlegender Entscheidungsbereiche voneinander abgegrenzt werden:

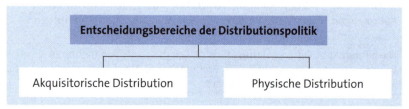

Abb. 36: Entscheidungsbereiche Distributionspolitik

Während sich der Entscheidungsbereich der **akquisitorischen Distribution** vor allem mit dem Management der Vertriebswege bzw. -kanäle beschäftigt, geht es bei der **physischen Distribution** um die räumliche und zeitliche Verteilung der Ware vom Anbieter zum Nachfrager. Im Folgenden sollen nun beide Bereiche näher betrachtet werden, wobei der Fokus vor allem auf dem akquisitorischen Teil liegt.

4.4.1 Akquisitorische Distribution

Akquisitorische Distributionspolitik

Die akquisitorische Distributionspolitik beschäftigt sich zunächst einmal mit der Fragestellung, auf welchen Absatzwegen das Produkt verkauft werden soll. Dabei muss die Anzahl der Absatzstufen festgelegt werden. In diesem Zusammenhang wird auch von der **vertikalen Absatzstruktur** gesprochen. Hierbei ist vor allem zu unterscheiden, ob der Vertrieb der Produkte direkt oder indirekt erfolgen soll.

Beim **direkten Vertrieb** verkauft der Hersteller die Produkte direkt an den Endverbraucher. Dies bedeutet, dass der Hersteller i. d. R. in direktem Kontakt zum Kunden steht.

Im Gegensatz dazu steht der **indirekte Vertrieb**. Hierbei verkauft der Hersteller das Produkt nicht direkt an den Endkunden, sondern schaltet so genannte Absatzmittler dazwischen.

Neben der vertikalen muss auch die **horizontale Absatzstruktur** bestimmt werden. In diesem Zusammenhang geht es um die Auswahl der Absatzmittler in den einzelnen Stufen.

Im weiteren Verlauf dieses Kapitels sollen nun direkte und indirekte Vertriebsmöglichkeiten aufgezeigt werden. Die folgende Abbildung zeigt die Abgrenzung und mögliche Ausprägungen der vertikalen Absatzkanalstruktur:

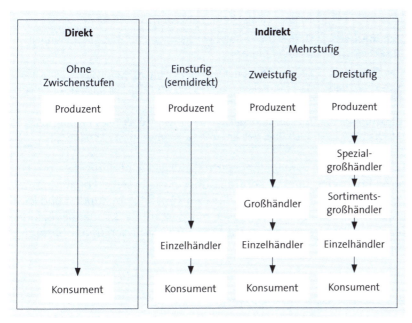

Abb. 37: Vertriebswege
(Specht/Fritz, 2008, S. 36)

4.4.1.1 Direkte Vertriebswege

Direkter Vertrieb

Wie bereits erwähnt, erfolgt der Verkauf von Produkten im **direkten Vertrieb** ohne Zwischenstufen vom Hersteller zum Konsumenten.

Generell können im direkten Vertrieb folgende Vertriebswege unterschieden werden:

Persönlicher Direktvertrieb	Hierbei erfolgt der Vertrieb entweder über den Einsatz von Vertretern bzw. Reisenden (z. B. Vorwerk) oder über ein eigenes Filialsystem (z. B. Esprit).
Schriftlicher Direktvertrieb	Der Vertrieb erfolgt vor allem durch Katalogbestellungen (z. B. der Club).
Telefonischer Direktvertrieb	Hierbei findet der Vertrieb über das Telefon statt, jedoch darf hierbei aus rechtlichen Gründen keine Neukundenakquise stattfinden.
Elektronische Medien	Hierbei kann der Vertrieb sowohl über Teleshopping als auch über das Internet (z. B. Amazon) stattfinden.

Der Hauptvorteil von direkten Vertriebswegen liegt darin, dass das Unternehmen eine direkte Kontrolle über das Absatzgeschehen besitzt. Zudem steht es auch in einem direkten Kontakt zum Kunden und kann daher evtl. besser bzw. schneller auf bestimmte Kundenbedürfnisse reagieren. Demgegenüber steht aber auch ein hoher organisatorischer Aufwand.

4.4.1.2 Indirekte Vertriebswege

Indirekter Vertrieb

Gegenüber dem direkten Vertrieb werden im indirekten Vertrieb so genannte **Absatzmittler** zwischengeschaltet. Der Vertrieb erfolgt demnach nicht mehr direkt vom Hersteller zum Endabnehmer. Hierbei kann zwischen einem einstufigen und einem mehrstufigen indirekten Vertrieb unterschieden werden. Beim **einstufigen indirekten Vertrieb** erfolgt der Absatz durch einen zwischengeschalteten Absatzmittler. Diese Form wird vor allem von kleinen Unternehmen genutzt, für die ein direkter Vertrieb mit zu hohem absatzorganisatorischem Aufwand verbunden ist. Beim mehrstufigen indirekten Vertrieb sind dagegen verschiedene Absatzmittler in den Vertrieb eingebunden. Weitverbreitete Ansätze sind hier vor allem der **Zwei- und Drei-Stufenkanal** (vgl. Abb. 37).

QV

Generell kann innerhalb des indirekten Vertriebs zwischen zwei grundsätzlichen **Handelsstufen** unterschieden werden:

Handelsstufen

Großhandel	Der Großhandel kauft Waren im eigenen Namen auf eigene Rechnung ein und verkauft diese i. d. R. unverändert an gewerbliche Wiederkäufer (z. B. Einzelhandel oder andere Großhändler) weiter. Mögliche Formen: ▸ Sortimentsgroßhandel ▸ Spezialgroßhandel
Einzelhandel	Der Einzelhandel kauft Waren im eigenen Namen auf eigene Rechnung ein und verkauft diese i. d. R. unverändert an Konsumenten weiter. Mögliche Formen: ▸ stationärer Handel (z. B. Warenhäuser) ▸ ambulanter Handel (z. B. Märkte und Messen) ▸ Versandhandel (auch E-Commerce)

Im Gegensatz zum direkten kann im indirekten Vertrieb der absatzorganisatorische Aufwand auf Absatzmittler übertragen werden. Jedoch geht meist der direkte Kontakt zum Endabnehmer verloren. Der wichtige Informationsaustausch z. B. hinsichtlich der Kundenbedürfnisse ist gegebenenfalls durch den indirekten Vertrieb gefährdet. Zudem besteht auch nicht die Möglichkeit, direkt in das Absatzgeschehen einzugreifen.

4.4.1.3 Mehrkanalvertrieb

Aufgrund der gestiegenen Anforderungen in manchen Märkten reicht eine Entscheidung hinsichtlich des Vertriebswegs nicht aus. Deswegen versuchen viele Unternehmen, die Vertriebswege zu erweitern, und nutzen deshalb parallel verschiedene Vertriebskanäle. Diese Entwicklung wird durch das veränderte Medien- und Konsumverhalten der Nachfrager gefördert. Jedoch müssen hinsichtlich eines Mehrkanalvertriebs verschiedene Aspekte berücksichtigt werden. So sollte zum einen überprüft werden, ob die Zielgruppen des Unternehmens überhaupt andere Absatzmärkte in Anspruch nehmen. Ist dies der Fall, muss auch intern überprüft werden, ob das Unternehmen in der Lage ist, eine optimale Abstimmung auf allen verschiedenen Absatzkanälen zu leisten.

Mehrkanalvertrieb Ein Beispiel für einen solchen **Mehrkanalvertrieb** zeigt die folgende Abbildung anhand des Sportartikelherstellers Adidas:

Beispiel

Abb. 38: Beispiel eines Mehrkanalvertriebs
(*Meffert et al,. 2012, S. 559*)

4.4.2 Physische Distribution

Physische Distribution

Neben der akquisitorischen stellt, wie bereits erläutert, die physische Distribution den zweiten großen Entscheidungsbereich innerhalb der Distributionspolitik dar. In diesem Zusammenhang wird in der Literatur auch häufig von der **Marketinglogistik** gesprochen. Generell geht es hierbei um die Ausgestaltung logistischer Entscheidungen bzw. darum, wie das Produkt zum Endverbraucher gelangt. Folgende Ziele sollten deswegen bei der physischen Distribution im Vordergrund stehen:

Das richtige Produkt sollte

- in der richtigen Menge und Ausprägung
- im richtigen Zustand
- zum richtigen Zeitpunkt
- am richtigen Ort sein.

Kann ein Unternehmen diese Ziele der physischen Distribution erfüllen, so wird ein **hohes Serviceniveau** bei der Lieferung von Produkten realisiert. Hierdurch können auch Wettbewerbsvorteile gegenüber der Konkurrenz, z. B. hinsichtlich der Zuverlässigkeit, generiert werden, da auch das beste Produkt keine Bedürfnisse des Kunden befriedigen kann, wenn es letztlich nicht beim Kunden ankommt.

Jedoch besteht die Aufgabe der physischen Distribution im Rahmen der Distributionspolitik nicht nur darin, die oben genannten logistischen Ziele zu erreichen, sondern auch die Kosten hierfür zu überblicken. Es stellt sich daher i. d. R. die Frage, welches Serviceniveau zu welchen Kosten angeboten werden soll. Die folgende Abbildung geht auf diese Problematik ein.

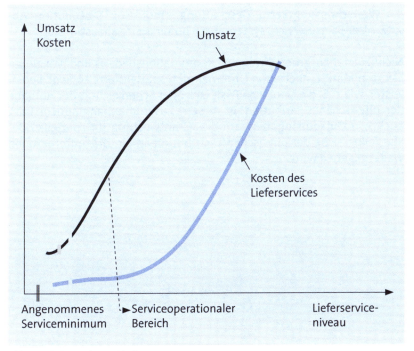

Abb. 39: Lieferservice vs. Kosten
(Esch et al., 2011, S. 358)

Hierbei ist zunächst zu erkennen, dass das angenommene Serviceniveau in jedem Fall vom Unternehmen erreicht werden sollte, da sonst mit großen Umsatzeinbußen zu rechnen ist. Ab einem bestimmten Serviceniveau ist aber nur noch ein geringes Umsatzwachstum zu verzeichnen. Dies kann damit begründet werden, dass diese logistische Leistung z. B. nur noch von wenigen Kunden wahrgenommen wird. In diesem Fall kann man auch von einem **abnehmenden Nutzenzuwachs** sprechen, was sich in dem s-förmigen Kurvenverlauf widerspiegelt (schwarze Kurve). Demgegenüber stehen die Kosten für den Lieferservice (graue Kurve), die mit einem höheren Lieferniveau zunehmen. Jedoch nehmen die Kostenzuwächse auch hier mit der Zeit ab.

Generell zeigt die Grafik, dass für ein Unternehmen ein **Optimierungsproblem** hinsichtlich der **Wahl des Servicegrads** und der damit verbundenen Kosten besteht. Dieses gilt es zu lösen, um einen möglichst hohen Umsatz generieren zu können. Allerdings müssen hierzu einige Informationen, wie z. B. das Nachfragerverhalten in Bezug auf das Serviceniveau, für den Entscheidungsprozess herangezogen werden.

Neben den Kosten besteht allerdings auch ein **hoher Koordinationsaufwand** innerhalb der logistischen Distribution, um das Serviceniveau überhaupt erreichen zu können. Hierbei gilt es, die einzelnen Glieder der **Wertschöpfungskette** (Beschaffung, Produktion, Distribution, Absatz, After-Sales-Service) systematisch aufeinander abzustimmen.

Nicht zuletzt aufgrund des hohen Koordinationsbedarfs und den globalisierten Märkten betrauen Unternehmen spezialisierte Logistikdienstleister, wie z. B. die Deutsche Post, UPS oder Schenker, mit der Aufgabe der physischen Distribution. In diesem Zusammenhang spricht man auch von **Outsourcing**, bei dem die Verantwortung für spezielle oder alle Teilbereiche der physischen Distribution an ein Drittunternehmen weitergegeben wird.

4.5 Kommunikationspolitik

Mit der Kommunikationspolitik erhalten Sie nun das letzte „Puzzlestück" des Marketingmix und können so Ihr Bild des operativ taktischen Marketing komplettieren. In diesem Kapitel werden zunächst die Grundlagen und Ziele der Kommunikationspolitik behandelt, ehe dann einige Instrumente der Kommunikationspolitik näher erläutert werden.

Neben der Entwicklung von Produkten, der Preisgestaltung und der Distribution gilt es zudem, eine systematisch aufeinander abgestimmte **Kommunikationspolitik** in einem Unternehmen zu verankern, um die Unternehmens- und Marketingziele erreichen zu können. Gerade im Hinblick auf die zunehmende Wettbewerbsintensität auf einigen Märkten besteht durch einen effektiven Einsatz verschiedener kommunikationspolitischer Instrumente die Möglichkeit, Wettbewerbsvorteile gegenüber den Konkurrenten zu erzielen.

Kommunikationspolitik

Jedoch gilt es zunächst zu klären, was überhaupt unter **Kommunikation** aus Marketingsicht zu verstehen ist. Hier bieten *Meffert et al.* eine geeignete Definition, in dem sie den Begriff wie folgt abgrenzen:

Definition Kommunikation

„Aus Marketingperspektive versteht man unter Kommunikation das Senden von verschlüsselten Informationen, um beim Empfänger eine Wirkung zu erzielen" (2012, S. 606).

Wie und welche Informationen an welche Empfänger geschickt werden, ist demnach grundlegender Bestandteil der Kommunikationspolitik eines Unternehmens und soll im weiteren Verlauf des Kapitels geklärt werden.

4.5.1 Grundlagen und Ziele der Kommunikationspolitik

Nachdem definiert wurde, was aus Marketingsicht unter Kommunikation verstanden werden kann, soll erläutert werden, was die **Kommunikation eines Unternehmens** ausmacht. Hierbei kann eine Definition von *Bruhn* herangezogen werden:

Kommunikation eines Unternehmens

„Die Kommunikation eines Unternehmens umfasst die Gesamtheit sämtlicher Kommunikationsinstrumente und -maßnahmen eines Unternehmens, die eingesetzt werden, um das Unternehmen und seine Leistungen den relevanten internen und externen Zielgruppen der Kommunikation darzustellen und/oder mit den Zielgruppen eines Unternehmens in Interaktion zu treten" (2009a, S. 2).

Bevor wir auf die verschiedenen kommunikationspolitischen Instrumente genauer eingehen werden, gilt es zunächst, zu klären, welche Zielgruppen für die Kommunikation bestehen. Diese können laut der Definition sowohl interne als auch externe Personenkreise umfassen:

Interne Kommunikation	Die interne Kommunikation bezieht sich vor allem auf die Mitarbeiter des Unternehmens und ist häufig auch unter dem Begriff Mitarbeiterkommunikation zusammengefasst. Hierbei geht es vor allem darum, durch den gezielten Einsatz kommunikationspolitischer Maßnahmen bestimmte Verhaltensweisen bei den Mitarbeitern auszulösen, um gewisse Ziele zu erreichen.
Externe Kommunikation	Die externe Kommunikation, auch Marktkommunikation genannt, richtet sich vor allem an Zielgruppen auf dem Konsumenten- und Business-to-Business-Markt. Aber auch andere Stakeholdergruppen, wie z. B. politische Entscheidungsträger, oder Kapitalgeber können gezielt angesprochen werden.

Im Folgenden soll die **externe Kommunikation** mit dem Fokus auf Nachfrager im Vordergrund stehen. Hierbei gilt es zunächst, festzulegen, welche Ziele durch den Einsatz kommunikationspolitischer Maßnahmen überhaupt erreicht werden sollen. Generell kann hierbei zwischen **ökonomischen und verhaltensbezogenen Zielen** unterschieden werden.

Ökonomische Ziele	Ökonomische Kommunikationsziele beziehen sich auf das direkt beobachtbare Verhalten von Nachfragern. **Beispiele:** Umsatz, Marktanteile etc.
Verhaltensbezogene oder psychografische Ziele	Verhaltensbezogene Kommunikationsziele können dagegen nicht direkt im Verhalten der Nachfrager erkannt werden. Generell gilt es zwei Formen zu unterscheiden: ▶ affektive Ziele, z. B. Beeinflussung des Image ▶ kognitive Ziele, z. B. Steigerung der Aufmerksamkeit, Erhöhung des Bekanntheitsgrades

Eine Möglichkeit, die verschiedenen kommunikationspolitischen Ziele zu systematisieren, bietet das so genannte **AIDA-Modell**. Hiernach muss der Kunde zunächst auf ein Produkt aufmerksam gemacht werden (A = Attention). Ein Beispiel hierfür ist, wenn ein Nachfrager eine Werbeanzeige in der Zeitung wahrnimmt. Daran anknüpfend kann das Angebot der Anzeige das Interesse (I = Interest) und das **Verlangen** (D = Desire) nach dem Produkt beim Nachfrager wecken. Dies löst letztlich eine **Verhaltensreaktion** (A = Action) aus und führt evtl. zum Kauf des Produktes.

AIDA-Modell

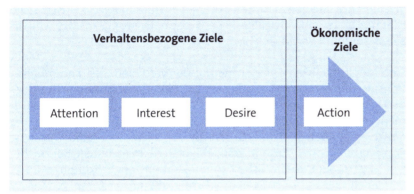

Abb. 40: AIDA-Modell
(in Anlehnung an *Homburg/Krohmer, 2009, S. 739*)

Abbildung 40 veranschaulicht noch einmal, dass die **verhaltensbezogenen Ziele** der Kommunikationspolitik in den ersten drei Phasen des AIDA-Modells systematisiert werden, während die **ökonomischen Ziele** letztlich erst in der Handlung (Action) erkannt werden können. Mithilfe des AIDA-Modells kann ein grundlegendes Verständnis dafür gewonnen werden, wie Kommunikation wirksam gestaltet werden kann.

4.5.2 Instrumente der Kommunikationspolitik

Während Sie im vorherigen Kapitel die Begrifflichkeit und Ziele der Kommunikationspolitik näher kennen gelernt haben, geht es im Folgenden darum, Ihnen verschiedene **kommunikationspolitische Instrumente** näher zu bringen.

Kommunikationspolitische Instrumente

Um die verschiedenen Instrumente zielgerichtet einzusetzen, müssen im Vorfeld jedoch **kommunikationsbezogene Zielgruppen** bestimmt werden. Hierbei können zunächst die Daten aus der Marktsegmentierung (vgl. Kapitel 3.2.1.2) herangezogen werden. Die einzelnen Marktsegmente stellen dabei den **maximalen Umfang der kommunikationspolitischen Zielgruppen** dar. Diese können daraufhin weiter untergliedert werden, um eine spezifischere Kommunikation zu erreichen. Allerdings muss zudem überprüft werden, ob die Marktsegmentierung

QV

hinsichtlich **kommunikationspolitischer Aspekte** durchgeführt wurde. Da dies i. d. R. nicht der Fall ist, sondern die Segmentierung eher anhand von **Bedürfnis- oder Produktmerkmalen** durchgeführt wurde, gilt es, die einzelnen Marktsegmente noch einmal einer **kommunikationsbezogenen Analyse** zu unterziehen. Somit kann ein möglichst effektiver und effizienter Einsatz von kommunikationspolitischen Instrumenten erfolgen.

Die Kommunikationspolitik bietet eine Vielzahl von kommunikationspolitischen Instrumenten. Aufgrund dessen ist es sinnvoll, die einzelnen Instrumente nach bestimmten Kriterien einzuordnen. Die einschlägige Literatur bietet eine Vielzahl solcher Systematisierungsansätze (vgl. für einen Überblick *Bruhn, 2009a, S. 343 ff.*).

Above-the-Line/ Below-the-Line

Eine Möglichkeit der Differenzierung der verschiedenen Kommunikationsinstrumente im Marketing ist die Einteilung in **Above-the-Line-** und **Below-the-Line-Instrumente**. Während Above-the-Line-Instrumente die traditionellen Kommunikationsmaßnahmen darstellen, die direkt erkennbar sind (hierzu zählen vor allem TV-/Radio-Werbung, Printwerbung oder Plakatanzeigen), versteht man unter „Below-the-Line"-Instrumenten sämtliche Kommunikationsmöglichkeiten, wie z. B. Verkaufsförderung oder Direktmarketing, die im weiteren Verlauf ergänzend entwickelt worden sind.

Klassische und moderne Instrumente

Neben dieser häufig in der Praxis anzutreffenden Gliederung existiert ebenso die Unterteilung in **klassische** und **moderne Instrumente**. Die folgende Abbildung zeigt eine Auswahl der bekanntesten Instrumente entsprechend dieser Gliederung:

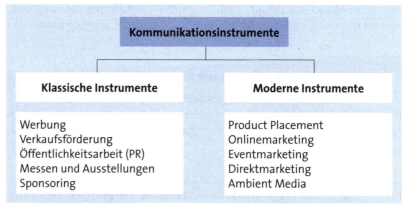

Abb. 41: Kommunikationsinstrumente
(in Anlehnung an *Vergossen, 2004, S. 25*)

Im weiteren Verlauf soll eine Differenzierung hinsichtlich klassischer und moderner Instrumente vorgenommen werden, da gerade in letzter Zeit neue Instrumente entwickelt wurden.

4.5.2.1 Werbung

Die Werbung ist wohl das bekannteste Instrument der Kommunikationspolitik. Ständig ist sie präsent, z. B. im Fernsehen oder den Printmedien. Nicht zuletzt deshalb ist sie das Kommunikationsinstrument, welches am umfangreichsten in der wissenschaftlichen Literatur untersucht wurde.

Werbung

Eine geeignete Definition für Werbung bzw. **Mediawerbung** bietet *Bruhn*:

„Mediawerbung – auch ‚klassische Werbung' genannt – bedeutet den Transport und die Verbreitung werblicher Informationen über die Belegung von Werbeträgern mit Werbemitteln im Umfeld öffentlicher Kommunikation gegen ein leistungsbezogenes Entgelt, um eine Realisierung unternehmensspezifischer Kommunikationsziele zu erreichen" (2009, S. 356).

Definition Werbung

Eine genaue Beschäftigung mit der Definition erfordert, den Unterschied zwischen den Werbeträgern und Werbemitteln zu klären. Während das **Werbemittel** die Grundlage der Gestaltungsmöglichkeit für eine Werbebotschaft bietet (z. B. Werbespot, Anzeige) stellt der **Werbeträger** das Medium dar, auf dem die Werbemittel platziert werden, um letztlich zu den Zielgruppen übertragen zu werden.

Werbemittel und Werbeträger

Netto-Werbeeinnahmen erfassbarer Werbeträger in Deutschland (in Mio. Euro)								
Werbeträger	2010	Prozent	2011	Prozent	2012	Prozent	2013	Prozent
Fernsehen	3.953,73	8,6	3.981,17	0,7	4.037,70	1,4	4.125,13	2,2
Tageszeitungen	3.637,80	-1,5	3.556,90	-2,2	3.232,60	-9,1	2.929,80	-9,4
Anzeigenblätter	2.011,00	2,3	2.060,00	2,4	2.001,00	-2,9	1.932,00	-3,4
Publikumszeitschriften	1.450,00	2,9	1.440,05	-0,7	1.281,00	-11,1	1.235,00	-3,6
Online und Mobile	861,00	12,7	990,00	15,0	1.054,15	6,5	1.151,97	9,3
Verzeichnismedien	1.154,60	-2,5	1.139,10	-1,3	1.095,80	-3,8	1.019,10	-7,0
Außenwerbung	766,06	3,9	896,90	17,1	867,90	-3,2	891,20	2,7
Fachzeitschriften	856,00	0,5	875,00	2,2	858,00	-1,9	889,00	3,6
Hörfunk	692,06	2,0	709,15	2,5	719,65	1,5	746,11	3,7
Wochen-/Sonntagszeitungen	217,80	4,6	213,70	-1,9	199,30	-6,7	175,50	-11,9
Filmtheater	74,51	4,1	84,74	13,7	88,39	4,3	80,08	-9,4
Zeitungssupplements	85,80	4,8	85,10	-0,8	81,90	-3,8	79,30	-3,2
Gesamt	15.760,36	3,1	16.031,81	1,7	15.517,39	-3,2	15.254,19	-1,7

Werbeeinnahmen nach Werbeträgern im Vergleich
(www.zaw.de)

4. Operative Marketingplanung auf Basis des integrierten Marketingmix

QV

Die obige Tabelle zeigt die Werbeeinnahmen nach Werbeträgern in Deutschland. Hieraus lässt sich erkennen, dass die meisten Werbeausgaben der Unternehmen in der **TV-Werbung** getätigt werden. Gerade in **Printmedien**, wie z. B. Tages- und Wochenzeitungen, ist ein Rückgang zu verzeichnen. Einen besonders hohen Zuwachs verzeichnen vor allem die **Online-Angebote**, die als ein Werbeträger mit großem Potenzial gesehen werden können.

Um zu analysieren, mit welchen Werbeträgern und Werbemitteln die Kommunikationsziele eines Unternehmens am besten erreicht werden können, bedarf es eines **dreistufigen Analyseprozesses:**

Inter-Media-Selektion	Innerhalb der Inter-Media-Selektion gilt es zunächst einmal zu überprüfen, welche Werbeträger überhaupt eingesetzt werden sollen, um die Kommunikationsziele zu erreichen. **Beispiel:** Auswahl von TV
Intra-Media-Selektion	In einem zweiten Analyseschritt geht es darum, welche konkreten Medien der jeweiligen Werbeträgergruppe eingebunden werden sollen. **Beispiel:** Auswahl eines konkreten TV Senders
Intra-Werbemittel-Selektion	Im letzten Analyseschritt ist zu überlegen, welche Werbemittel auf dem ausgewählten Werbeträger zur Erreichung der Kommunikationsziele am besten geeignet sind. **Beispiel:** Werbespot oder Dauerwerbesendung

Tausenderkontaktpreis

Um die einzelnen Selektionen treffen zu können, bedarf es eines hohen Analyseaufwands hinsichtlich einer Vielzahl von Kriterien. Ein wichtiges und weitverbreitetes Kriterium innerhalb der Intra-Media-Selektion stellt der **Tausenderkontaktpreis** dar. Dieser gibt an, wie hoch die Kosten sind, um 1.000 Personen der Zielgruppe das Werbemittel zu präsentieren.

$$\text{Tausenderkontaktpreis} = \frac{\text{Kosten des Werbeauftritts}}{\text{Nutzer} \cdot \text{Anteil der Zielgruppe}} \cdot 1.000$$

Beispiel

Ermitteln Sie auf Basis der vorhandenen Daten die Tausenderkontaktpreise für eine Anzeige in den Zeitungen Tagblatt und Wochenanzeiger. Welche dieser beiden Anzeigen würden Sie eher schalten?

	Anzeige Tagblatt	Anzeige Wochenanzeiger
Anzeigenpreis	5.000 €	5.800 €
Auflage	200.000	200.000
Leserschaft je Ausgabe	600.000	600.000
Anteil Zielpersonen an Leserschaft	**40 %**	**60 %**

$$\text{Anzeige Tagblatt} = \frac{5.000 \,€}{600.000 \cdot 0{,}4} \cdot 1.000 = 20{,}83 \,€$$

$$\text{Anzeige Wochenanzeiger} = \frac{5.800 \,€}{600.000 \cdot 0{,}6} \cdot 1.000 = 16{,}11 \,€$$

Unter Einbezug der Tausenderkontaktpreise ist es sinnvoller, die Anzeige beim Wochenanzeiger zu schalten.

4.5.2.2 Verkaufsförderung

Eine weitere bekannte Form der kommunikationspolitischen Instrumente stellt die Verkaufsförderung dar. Ein Hauptvorteil der Verkaufsförderung ist der relativ direkte Einfluss auf Absatz- und Umsatzzahlen, da sie oft direkt am Ort des Verkaufs (Point of Sale) stattfinden. Generell können dabei drei Arten der Verkaufsförderung unterschieden werden.

Staff Promotion	Die Verkäufer-Promotion ist die erste Ebene. Sie umfasst u. a. Schulungen und Anreizsysteme (z. B. Verkaufsprämien), um den Verkauf in der eigenen Organisation bzw. den eigenen Mitarbeitern voranzutreiben.
Trade Promotion	Die Handels-Promotion ist die zweite Ebene. Hier geht es darum, den Verkauf auf der Handelsebene zu fördern (z. B. durch Rabatte oder Werbekostenzuschüsse).
Consumer Promotion	Die dritte Ebene der Verkaufsförderung wendet sich direkt an den Endverbraucher. **Beispiele:** ▸ Gratisproben und Gutscheine ▸ Aufsteller und Displays ▸ Preisausschreiben

4.5.2.3 Öffentlichkeitsarbeit/Public Relation

Im Gegensatz zu den bisher erwähnten Kommunikationsinstrumenten steht bei der **Öffentlichkeitsarbeit** nicht die Förderung des Absatzes im Vordergrund. Vielmehr geht es um die Pflege der Beziehungen zur Öffentlichkeit (Public Relations). *Bruhn* grenzt den Begriff „Public Relations" wie folgt ab:

„Public Relations (Öffentlichkeitsarbeit) als Kommunikationsinstrument bedeutet die Analyse, Planung, Durchführung und Kontrolle aller Aktivitäten eines Unternehmens, um bei ausgewählten Zielgruppen (extern und intern) primär um Verständnis sowie Vertrauen zu werben und damit gleichzeitig kommunikative Ziele des Unternehmens zu erreichen" (2009a, S. 398).

Die Definition zeigt, dass die Öffentlichkeitsarbeit sich nicht nur an die Nachfrager richtet, sondern sich vielmehr auf sämtliche **Interessengruppen (Stakeholder)** eines Unternehmens bezieht. Hierbei gilt es, die Öffentlichkeitsarbeit systematisch auf die verschiedenen Interessengruppen auszurichten, um die Ziele, die sich aus den folgenden Funktionen von **Public Relations** ergeben, zu erreichen.

Informationsfunktion	Intern (Unternehmen) und extern (Öffentlichkeit) gerichtete Übermittlung von Informationen
Führungsfunktion	Repräsentation einer gewissen Machtstellung und Schaffung von Verständnis für kritische Unternehmensentscheidungen
Imagefunktion	Aufbau, Änderung und Pflege des Unternehmensbildes
Stabilisierungsfunktion	Verbesserung der „Standfestigkeit" des Unternehmens auch in kritischen Situationen
Kontinuitätsfunktion	Verfolgung eines einheitlichen nach innen und außen gerichteten Stils
Kontaktfunktion	Aufbau und Pflege von Kontakten zu allen Bereichen, die für das Unternehmen wichtig sein können
Absatzförderungsfunktion	Absatzförderung durch Akzeptanz und Vertrauen in der Öffentlichkeit

Die Öffentlichkeitsarbeit muss allerdings nicht nur auf das gesamte Unternehmen bezogen sein, sondern kann sich auch auf einzelne Produkte beziehen. Dieser Teil der Öffentlichkeitsarbeit ist demnach auch unter dem Begriff **„Produkt-PR"** bekannt. Die Produkt-PR zielt demnach vor allem darauf ab, die Kommunikation über die Leistungsmerkmale von Produkten und Dienstleistungen voranzutreiben. Auch hierbei kann auf die bereits oben genannten Funktionen verwiesen werden (vgl. vertiefend *Lies et al., 2008, S. 425 ff.*).

4.5.2.4 Messen

Messen sind eine weitere klassische Form von kommunikationspolitischen Instrumenten. Gerade für Unternehmen im Business-to-Business-Bereich stellen Messen ein wichtiges Kommunikationsinstrument dar. So können auf Messen Kontakte zu bisherigen Kunden gepflegt und zusätzlich neue Kontakte geknüpft werden. Darüber hinaus besteht die Möglichkeit für die Unternehmen, auf Messen ihre Produkte (z. B. technisch komplexe Maschinen) vorzustellen und zu **präsentieren**. Zudem beinhalten Messen auch **andere kommunikationspolitische Instrumente**, wie z. B. Werbung oder Verkaufsförderung.

Messen

Da das Angebot an Messen heutzutage sehr vielfältig ist und die finanziellen Aufwendungen für einen Messestand sehr hoch ausfallen können, erscheint es wichtig, innerhalb der Kommunikationspolitik den Auftritt auf einer Messe systematisch zu planen. Hierbei können folgende Kriterien herangezogen werden, nach denen Messen hinsichtlich ihrer Art abgegrenzt werden können.

Kriterien zur Bestimmung der Messeart:

- geografische Herkunft der Messeaussteller (regional, national etc.)
- Breite des Angebots (Branchen-, Fachmesse etc.)
- angebotene Produkte (Konsumgüter, Investitionsgüter)
- Zielgruppe (Konsumenten-, Fachbesucher-, Händlermessen)
- Absatzausrichtung (Import, Export)
- Funktion der Messe (Verkauf, Info)

4.5.2.5 Direktmarketing

Das Direktmarketing (**Direct Marketing**) kommt ursprünglich aus dem Direktvertrieb des Versandhandels. Heutzutage werden unter Direktmarketing sämtliche Kommunikationsinstrumente zusammengefasst, bei denen in möglichst individuell geprägter Interaktion versucht wird, die Kommunikations- und Vertriebsziele eines Unternehmens zu erreichen. Es stellt somit sowohl ein Kommunikations- als auch ein Vertriebsinstrument dar (vgl. *Bruhn, 2009a, S. 386 f.*). Wesentliches Charakteristikum des Direktmarketing ist die Responsemöglichkeit.

Beispiele

- Katalogversand
- Telefonmarketing
- Teleshopping
- Werbebriefe

4.5.2.6 Product Placement

Eine weitere Form der modernen Kommunikationsinstrumente stellt das **Product Placement** dar. Hierbei geht es vor allem darum, den **Bekanntheitsgrad** für eine Marke oder ein Produkt zu erhöhen. Im Gegensatz zur klassischen Werbung wird dabei das Produkt in einem **nicht werblichen Umfeld gezeigt**. Nicht werbliche Umfelder können z. B. TV-Shows oder Kinofilme sein. Das Produkt ist dabei in die Handlung des Films eingebettet. Gerade vor dem Hintergrund von Effizienzverlusten im klassischen Werbebereich schätzen Experten die Werbewirksamkeit von Product Placement als relativ hoch ein (vgl. *Kotler et al., 2007, S. 731*).

4.5.2.7 Sponsoring

Das nächste Kommunikationsinstrument, das näher betrachtet werden soll, ist das Sponsoring. Hierbei unterstützt ein **Sponsor** in Form eines Unternehmens einen **Gesponserten**, z. B. eine (Sport-)Mannschaft, Person, Organisation, durch Finanz,- Sach- oder Dienstleistungen. Der Sponsor erhält im Gegenzug **vertraglich zugesicherte Gegenleistungen**, die es ihm erlauben, den Gesponserten hinsichtlich der Marketing- und Kommunikationsziele zu vermarkten. Diese Kommunikationsform ist vor allem hinsichtlich des Aufbaus des **Bekanntheitsgrads** einer Marke zielführend. Zudem kann das Sponsoring auch dazu dienen, das Image des Gesponserten auf das Unternehmen oder das Produkt zu übertragen oder es durch gesellschaftliches Engagement zu verbessern. Grundsätzlich kann zwischen den folgenden fünf Arten des Sponsoring differenziert werden (vgl. *Runia et al., 2007, S. 266 ff.*):

Arten des Sponsoring	Beispiele
Sportsponsoring	Einzelsportler, Mannschaften, Veranstaltungen
Kultursponsoring	Konzerte, Ausstellungen, Stiftungen
Umwelt-, Ökosponsoring	Umweltschutzorganisationen oder -projekte
Sozialsponsoring	Karitative Einrichtungen, Bildungsprojekte
Programmsponsoring	Einblendung bei Fernsehsendungen

4.5.2.8 Onlinemarketing

Das letzte Kommunikationsinstrument, welches wir betrachten wollen, ist das Onlinemarketing. Onlinemarketing hat vor allem in den letzten Jahren im Zuge der Entwicklung des Internets deutlich an Bedeutung für Unternehmen gewonnen. Bevor kurz auf die grundlegenden Onlinemarketinginstrumente eingegangen werden soll, gilt es zunächst, die Begrifflichkeit zu definieren. Hierbei muss das Onlinemarketing vom Begriff des **Internetmarketing** deutlich abgegrenzt werden. Während das Internetmarketing auf die **zielgerichtete Nutzung der Internetdienste**, wie z. B. das WWW oder E-Mail, abzielt und ein wesentlicher Teil der Arbeit sich typischerweise mit einer bestimmten Internetpräsenz beschäftigt, muss das **Onlinemarketing** wie folgt verstanden werden:

„Onlinemarketing umfasst Maßnahmen oder Maßnahmenbündel, die darauf abzielen, Besucher auf die eigene oder eine ganz bestimmte Internetpräsenz zu lenken, von wo aus dann direkt Geschäft gemacht oder angebahnt werden kann" (Lammenett, 2012, S. 23).

4. Operative Marketingplanung auf Basis des integrierten Marketingmix

Onlinemarketinginstrumente

Der Definition zu Folge geht es im Onlinemarketing also darum, mithilfe verschiedener Onlinemarketinginstrumente die **Aufmerksamkeit für eine bestimmte Internetseite** (z. B. Firmenhomepage, Onlineshop) zu erhöhen, um dadurch direkte und/oder indirekte Geschäfte abzuwickeln. Die folgende Abbildung gibt einen Überblick über verschiedene **Onlinemarketinginstrumente** und stellt den vorher erläuterten Zusammenhang dar.

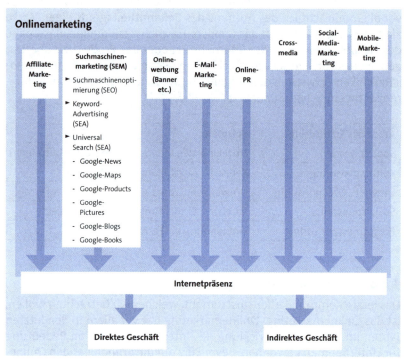

Abb. 42: Onlinemarketinginstrumente im Überblick
(*Lammenett, 2012, S. 25*)

Zu den klassischen Onlinemarketinginstrumenten gehören vor allem das Affiliate-Marketing, das Suchmaschinenmarketing, die Onlinewerbung sowie E-Mail-Marketing und Online-PR. Abschließend soll im Folgenden auf die drei wohl am weitesten verbreiteten Formen eingegangen werden.

Affiliate-Marketing

Beim **Affiliate-Marketing** handelt es sich um eine **internetbasierte Vertriebsmöglichkeit**, bei dem ein Betreiber einer Website Werbemittel eines Werbenden (Advertiser) auf seiner Internetseite platziert und hierfür erfolgsorientiert entlohnt wird. Der Betreiber der Website wird in diesem Zusammenhang auch Affiliate genannt. Die Entlohnung kann hierbei über verschiedene Konditionsmodelle erfolgen. Die bekanntesten in diesem Zusammenhang sind wohl hierbei **Pay per Click** (Provision erfolgt pro Klick auf das Werbemittel) und **Pay per Sale** (Provision erfolgt, wenn der Kunde Umsatz erzeugt).

Ein weiteres Instrument im Rahmen des Onlinemarketing ist das **Suchmaschinenmarketing** oder **Search Engine Marketing (SEM)**. Das SEM umfasst dabei sämtliche Maßnahmen zur Gewinnung von Besuchern für eine Website durch eine Internetsuchmaschine. Die zwei bekanntesten Formen von Suchmaschinenmarketing stellen die **Suchmaschinenoptimierung (Search Engine Optimization, SEO)** und das **Keyword-Advertising (Search Engine Advertising, SEA)** dar. Bei der Suchmaschinenoptimierung geht es um die Entwicklung von Maßnahmen, die es ermöglichen, Internetseiten auf die vorderen Plätze in den unbezahlten Suchmaschinenergebnissen (Organic Listing) zu befördern. Demgegenüber steht das Keyword-Advertising, bei dem kostenpflichtige Anzeigen (Paid Listing) auf den Ergebnisseiten der Suchmaschinen geschaltet werden. Sie stellen gleichzeitig auch die zentrale Finanzierungsquelle der Suchmaschinenanbieter dar.

Suchmaschinenmarketing

Unter **Onlinewerbung** versteht man im klassischen Sinne das Schalten von Werbeanzeigen in Form von **Bannern** auf anderen Internetseiten. Während die ersten Banner eher statisch waren, existiert heute eine Vielzahl von Möglichkeiten, z. B. durch **Video-Anzeigen** oder **Layer Ads**. Diese können auch dynamischer gestaltet werden, um so eine erhöhte Aufmerksamkeit des Internetnutzers zu erreichen.

Onlinewerbung

LITERATURVERZEICHNIS

Abell, D. F., Defining the Business, Englewood Cliffs 1980

Ansoff, I. H., Management-Strategien, München 1966

Backhaus/Schneider, Strategisches Marketing, 2. Auflage, Stuttgart 2009

Bänsch, A., Käuferverhalten, 7. Auflage, München 1996

Becker, J., Marketing-Konzeption, 10. Auflage, München 2013

Berekoven/Eckert/Ellenrieder, Marktforschung – Methodische Grundlagen und praktische Anwendung, 12. Auflage, Wiesbaden 2009

Böhler, H., Marktforschung, 3. Auflage, Stuttgart 2004

Bruhn, M., Kommunikationspolitik, 5. Auflage, München 2009a

Bruhn, M., Marketing – Grundlagen für Studium und Praxis, 9. Auflage, Wiesbaden 2009

Bruhn, M., Kundenorientierung, 4. Auflage, München 2012

Burmann/Blinda/Nitschke, Konzeptionelle Grundlagen des identitätsbasierten Markenmanagements, in: Burmann, C. (Hrsg.), Arbeitspapier Nr. 1 des Lehrstuhls für innovatives Markenmanagement (LiM), Universität Bremen, Bremen 2003

Corsten/Schneider (Hrsg.), Wettbewerbsfaktor Dienstleistung, München 1999

Diller, H., Preispolitik, 4. Auflage, Stuttgart 2008

Esch/Herrmann/Sattler, Marketing – Eine managementorientierte Einführung, 3. Auflage, München 2011

Felser/Kaupp/Pepels, Examenswissen Marketing Bd. 1: Käuferverhalten, Köln 1999

Felser, G., Werbe- und Konsumentenpsychologie: Eine Einführung, 3. Auflage, Heidelberg 2007

Festinger, L., A Theory of Cognitive Dissonance, Stanford, CA, 1957

Foscht/Swoboda, Käuferverhalten, 3. Auflage, Wiesbaden 2007

Gutenberg, E., Grundlagen der Betriebswirtschaftslehre, 2. Band: Der Absatz, Berlin 1955

Homburg, C., Grundlagen des Marketingmanagements, 3. Auflage, Wiesbaden 2012

Homburg/Krohmer, Marketingmanagement, 3. Auflage, Wiesbaden 2009

Jung, H., Allgemeine Betriebswirtschaftslehre, 12. Auflage, München 2010

Kerka, F., u. a., „Big Ideas" erkennen und Flops vermeiden – Dreistufige Bewertung von Innovationsideen, in: Kriegesmann, B. (Hrsg.), Bericht aus der angewandten Innovationsforschung, Nr. 219, Bochum 2006

Killinger, S., Produktbegleitende Dienstleistungen – Dienstleistungen im Leistungsspektrum industrieller Unternehmungen 1999, in: Corsten/Schneider (Hrsg.), Wettbewerbsfaktor Dienstleistung, München 1999, S. 129 ff.

Kotler/Keller/Bliemel, Marketing-Management, 12. Auflage, München 2007

Kreutzer, R. T., Praxisorientiertes Marketing, 3. Auflage, Wiesbaden 2010

Kroehl, H., Corporate Identity als Erfolgskonzept im 21. Jahrhundert, München 2000

Kroeber-Riel/Weinberg, Konsumentenverhalten, 8. Auflage, München 2003

Kuß, A., Marktforschung – Grundlagen der Datenerhebung und Datenanalyse, 4. Auflage, Wiesbaden 2012

Lammenett, E., Praxiswissen Online-Marketing, 3. Auflage, Wiesbaden 2012

LITERATURVERZEICHNIS

Lies/Vaih-Baur/Kleinjohann, Public Relations – Ein Handbuch, Konstanz 2008

Maslow, A. H., Motivation und Persönlichkeit, Reinbek 2008

Meffert/Burmann/Kirchgeorg, Marketing, 11. Auflage, Wiesbaden 2012

Meffert/Kirchgeorg, Marktorientiertes Umweltmanagement, 3. Auflage, Stuttgart 1998

Olbrich/Battenfeld/Buhr, Marktforschung – Ein einführendes Lehr- und Übungsbuch, Berlin 2012

Pepels, W., Handbuch des Marketing, 5. Auflage, München 2009

Porter, M. E., On Competition, 2. Auflage, Boston 2008

Porter, M. E., Competitive Strategy – Techniques for Analyzing Industries and Competitors, New York 2003

Raab/Werner, Customer-Relationship-Management, 3. Auflage, Frankfurt a. Main 2009

Rogers, E. M., Diffusion of innovations, 5. Auflage, New York 2003

Runia/Wahl/Geyer/Thewissen, Marketing – Eine Prozess- und praxisorientierte Einführung, 2. Auflage, München 2007

Schenk, H.-O., Psychologie im Handel: Entscheidungsgrundlagen für das Handelsmarketing, 2. Auflage, München 2007

Schneider, W., Marketing und Käuferverhalten, 2. Auflage, München 2006

Schuckel, M., Bedienungsqualität im Einzelhandel, Stuttgart 1999

Solomon/Bamossy/Askegaard, Konsumentenverhalten. Der europäische Markt, München 2001

Specht/Fritz, Distributionsmanagement, 4. Auflage, Stuttgart 2008

Spiess, E., Wirtschaftspsychologie: Rahmenmodell, Konzepte, Anwendungsfelder, München 2005

Steffenhagen, H., Marketing – Eine Einführung, 6. Auflage, Stuttgart 2008

Todt, E., Motivation, Heidelberg 1977

Trommsdorff, V., Konsumentenverhalten, 3. Auflage, Stuttgart 1998

Trommsdorff, V., Konsumentenverhalten, 7. Auflage, Stuttgart 2009

Vergossen, H., Marketing-Kommunikation, Ludwigshafen a. Rhein 2004

Weis, H. C., Marketing, 16. Auflage, Herne 2012

LITERATURVERZEICHNIS

Internetlinks

Verwendete Rechtsgrundlagen, zugänglich z. B. über
www.gesetze-im-internet.de oder **www.juris.de**

www.marketingpower.com

https://www.ana.org/resources/Pages/Dictionary.aspx?dLetter=M

www.sinus-institut.de/de/loesungen/sinus-milieus.html

www.textilwirtschaft.de/suche/show.php?ids[]=595852&a=2

www.aeg.de

www.bayer.de

www.bestglobalbrands.com/2014/ranking

www.bmw.de

www.coke.de

www.deutschebank.de

www.ikea.de

www.microsoft.de

www.nivea.de

www.oetker.de

www.nike.de

www.zaw.de/index.php?menuid=119

STICHWORTVERZEICHNIS

A

Abnehmergerichtete Strategien	104
Abnehmergruppe	83
Above-the-Line-Instrumente	146
Absatzgebiete	77
Absatzmarketing	21
Absatzmenge	76
Absatzmethode	107
Absatzmittler	138
Absatzmittlergerichtete Strategien	104
Absatzmittlerstrategien	101
Absatzpolitik	16
Absatzvolumen	76
Absatzwirtschaft	16
Adoptionsforschung	116
Advertiser	154
Affiliate-Marketing	154
After-Sales-Service	58
AIDA-Modell	145
Akquisitorische Distribution	136
Aktiviertheit	45 f.
American Marketing Association	18, 22
Anspruchsgruppengerichtete Strategien	104
Arme Hunde	98
Art des Wettbewerbsvorteils	91
Athematische Motivtheorien	57

B

Banner	155
Basisnutzen	110 f.
Bedürfnis- bzw. Funktionsspezialisierung	91
Bedürfniskategorien	55
Bedürfnispyramide	56
Befragung	33, 36 f.
Bekanntheitsgrad	79
Below-the-Line-Instrumente	146
Beobachtung	33, 39
Bestimmungsfaktoren des Käuferverhaltens	44
Betriebsgrößenersparnisse	62
Brainstorming	59, 115
Branchenstrukturanalyse	61
Brand Equity	121
Business Mission	69

C

Cash Cows	98
Chancen-und-Risiken-Analyse	60
Consumer Promotion	150
Corporate Behaviour	70
Corporate Communication	70
Corporate Design	70
Corporate Identity	69 f.
Cost-Plus-Pricing	125
Customer Lifetime Value	77
Customer Relationship Management	19

D

Dachmarkenstrategie	121
Deckungsbeitrag	77
Degenerationsphase	, 101
Delphi-Technik	59
Demografische Kriterien	87
Desire	145
Differenzierte Marktbearbeitung	84
Differenzierung	92
Direkter Vertrieb	136, 138
Direktmarketing	152
Dissonanz	58
Distributionspolitik	108, 135
Diversifikation	94
Duales Führungskonzept	18, 68, 75
Du-Pont-Zielsystem	74

E

Early Adopter	116
Early Majority	116
Einstellung	45, 79
Einzelhandel	139
Einzelmarkenstrategie	120
Elimination von Produkten	118
Emotion	45
Emotionale Aktiviertheit	46, 51
Empirische Analysen	43
Engpassfunktion	16
Entwicklung des Marketing	15
Erhebungsinstrument	33
Erhebungsmethoden	34
Erregung	58
Evoked Set	50, 54
Experiment	33, 40
Extensive Kaufprozesse	50 f.
Externe Kommunikation	144

F

Face-to-Face-Befragung	37
Familienmarkenstrategie	121
Feldexperiment	41
Five Forces	61

STICHWORTVERZEICHNIS

Fixkosten	126
Fragebogen	33
Führungsfunktion	17
Fünf Wettbewerbskräfte	61

G

Ganzheitlicher Marketingmanagementansatz	22, 107, 119
Generisches Marketingverständnis	18
Geschäftsfelder	75
Geschäftsfeldsstrategie	81
Großhandel	139
Grundgesamtheit	31

H

Habitualisiertes Kaufverhalten	50
Handelspanel	42
Haushaltstheorie	57
Hochpreisstrategie	132

I

Ideengewinnung	114
Image	63
Immaterielle Leistungen	110
Impulskäufe	50
Indirekter Vertrieb	136, 138
Innovation	52
Innovationsprozess	114
Inter-Media-Selektion	148
Internes Marketing	22
Internetmarketing	153
Interest	145
Intra-Media-Selektion	148
Intra-Werbemittel-Selektion	148
Involvement	45 ff.

K

Kaufentscheidungsprozesse	43, 49
Käufermarkt	15
Käuferverhaltensforschung	43
Kausalhypothese	40
Keyword-Advertising (SEA)	154 f.
Kommunikationspolitik	108, 143
Kommunikationspolitische Instrumente	145
Konditionspolitik	124
Konkurrenzanalyse	30
Konsumentenforschung	44
Kontrahierungspolitik	124

Konzeptbewertungsphase	115
Kostenführerschaft	91 f.
Kreativtechniken	115

L

Laggards	116
Late Majority	116
Lebenszyklusanalyse	96, 100
Lieferantenauswahl	43

M

Marke	119
Marketingmanagementprozess	22
Marketingmix	25, 75, 107
Marketingstrategien	24
Markierung	118
Marktanteil	76
Marktanteils-Marktwachstums-Portfolio	97
Marktdurchdringung	94
Markteinführung	114, 116
Markteintritt	62
Marktfähigkeit	115
Marktforschung	29
Marktpotenzial	30
Marktsegmentierung	84
Marktvolumen	30, 76
Marktwachstum	97
Mediawerbung	147
Mehrkanalvertrieb	140
Meinungsführer	117
Milchkühe	98
Motiv	45, 52, 56, 58

N

Non-Profit-Marketing	21
Normenunterwerfung	58
Normstrategien	24, 64, 89, 96

O

Öffentlichkeitsarbeit	150
Ökosponsoring	153
Omnibusumfrage	37
Onlinemarketing	153
Onlineshop	154
Opportunitätskosten	57
Oversegmentation	89

STICHWORTVERZEICHNIS

P

Panel	42
Pay per Click	154
Pay per Sale	154
PEST (Political, Economical, Social, Technological)	29
Physische Distribution	135 f., 140
Poor Dogs	98
Portfolioanalyse	96
Positionierung	115
Preisdifferenzierung	134
Preiselastizität der Nachfrage	128
Preisführerschaft	132
Preispolitik	107 f., 123
Prestige	58
Primärforschung	34, 36
Printmedien	148
Product Placement	152
Produktdifferenzierung	113, 117
Produktelimination	113
Produktentwicklung	94, 114
Produktgestaltung	107, 109 f., 118
Produktgruppen	77
Produktinnovation	113 f.
Produktlebenszyklusanalyse	100
Produkt-Markt-Kombination	83
Produkt-Markt-Matrix	94
Produktpolitik	108 f.
Produktprogramm	109
Produktvariation	113, 117
Promotion	25
Public Relations	150

Q

Qualitätsführerschaft	91
Question Marks	97

R

Regionaler Testmarkt	41

S

Search Engine Marketing (SEM)	155
Search Engine Optimization	155
Segmentierungskriterien	86
Sekundärforschung	34
Servicegrad	142
Situationsanalyse	24, 28 f., 60
Skimmingstrategie	133
Sozialsponsoring	153
Sponsoring	153
Sportsponsoring	153
Stakeholder	150
Stärken-und-Schwächen-Analyse	63
Stars	97
Stichprobenauswahl	33
Stimulus	50
Strategische Geschäftseinheiten (SGE)	82
Strategische Geschäftsfelder	82
Strategischer Marketingansatz	17
Stuck in the Middle-Situation	92
Suchmaschinenmarketing	154 f.
Suchmaschinenoptimierung (SEO)	154
SWOT-Analyse	24, 60, 64

T

Tausenderkontaktpreis	148
TV-Werbung	148

U

Umfragen	59
Umweltsponsoring	153
Undersegmentation	89
Undifferenzierte Marktbearbeitung	84
Unternehmensidentität	69 f.
Unternehmensstrategie	81
Unternehmensziele	68
Unternehmenszweck	69

V

Value-added-Service	56
Variable Kosten	77, 126
Variety Seeking	58
Verkäufermarkt	15
Verkaufsförderungen	150
Verpackungsgestaltung	123
Verpackungsmöglichkeiten	118
Vertriebskanäle	139
Vertriebspolitik	135
Vertriebswege	139
Vier P	16, 107
Vollkostenrechnung	125

STICHWORTVERZEICHNIS

W

Web 2.0	17
Werbemittel	147
Werbeträger	147
Werbung	107, 147
Wertschöpfungskette	142
Wettbewerbsstrategien nach *Porter*	90
Wettbewerbsvorteile	81

Z

Zielausmaß	73
Zielebenen	68
Zielgruppe	84
Zielinhalt	73
Zielobjekt	14
Zielperiode	73
Zielpyramide	68
Zielsystem	74, 79